n° 10903

I.

MÉMOIRES
DE
MARIE CAPPELLE.

AVERTISSEMENT.

Plus d'un an s'est écoulé depuis la publication des deux premiers volumes de Mémoires écrits par Marie Cappelle ; une année aussi a passé depuis qu'elle est morte au monde, depuis qu'elle a été ensevelie vivante dans la prison de Montpellier, qui ne doit plus s'ouvrir que devant une éclatante réhabilitation.

Si le souvenir du long et vaste procès dont s'est ému le monde entier subsiste encore, les passions soulevées par ses nombreux incidents ont eu, certes, le temps de se calmer.

Mais les nombreux défenseurs qu'on a vus pendant deux ans se presser autour de Marie Cappelle, pour lui faire un rempart de leur croyance et de leurs sympathies, ressentent toujours une vive douleur à la pensée de cette grande infortune; ils ont résisté à toutes les attaques, au blâme de leurs amis et de leurs proches, au ridicule même ordinairement infligé par la foule à ceux qui se permettent de ne pas penser précisément comme elle.

Cette nouvelle publication est un dernier cri, une dernière protestation d'innocence adressée par eux, au nom de Mme Lafarge, à tous les cœurs généreux, à tous les esprits désireux de s'éclairer. Ce n'est pas un appel aux passions, ce n'est pas une folle levée de boucliers contre les arrêts d'une magistrature qui a toute la confiance du pays; c'est simplement la réunion des pièces du procès, l'examen froid et raisonné des documents et des preuves disséminés dans le cours d'une procédure qui a duré vingt-deux mois, et maintenant rassemblés en faisceau; c'est surtout le récit simple, attachant, et forcément véridique, des idées et des sentiments de Marie Cappelle, exprimés par elle dans des lettres écrites d'abondance à ses confidents les plus intimes (1), et sans arrière-pensée de publicité.

L'impossibilité de correspondre avec Mme Lafarge depuis qu'elle est rigoureusement détenue à Montpellier a favorisé les vues de ses défenseurs. Quel est leur

---

(1) Plusieurs personnes, pour divers motifs, les unes à cause de leur famille, les autres à cause de leurs relations, quelques-unes par modestie, ont désiré que leurs noms ne fussent pas mis en entier; mais aucune n'a craint la publicité par honte de ses opinions.

but, en effet? C'est de présenter au public des pièces de conviction non suspectes de charlatanisme ou de partialité ; or, il est évident que, si Marie Capelle avait dicté elle-même, dans un but de justification, ces deux nouveaux volumes, on l'aurait accusée de dénaturer les faits pour les tourner à son avantage.

Elle a voulu, dans les deux premiers, faire preuve de franchise, en racontant ses pensées et ses rêves de jeune fille, ses imprudences, les travers de son esprit, les côtés blâmables de son caractère, et l'on sait avec quelle rigueur, avec quelle injustice elle a été jugée. L'infortunée prévenue était condamnée, dès le commencement de ses procès, à voir incriminer toute sa conduite : pensées, paroles, écrits et actions, maladie ou santé, tout devenait, au dire de ses accusateurs, des preuves de culpabilité ; aussi put-elle à bon droit écrire ces lignes que nous trouvons dans ses notes :

« Je suis bien malheureuse!..... Si je souffre, si le moral imprime ses souffrances sur le physique, ce sont les remords ; si Dieu m'envoie la force et la santé, c'est l'endurcissement... On me fait hypocrite pour ternir les quelques bonnes actions de ma vie ; on me fait audacieuse pour expliquer le courage et la dignité qui viennent d'une conscience pure ; enfin on m'accorde l'intelligence pour m'accuser de perversité, pour attribuer au génie du mal les cris de mon innocence que m'arrachent les tortures de la calomnie! »

On s'est abstenu de commenter la plupart des lettres insérées dans ces volumes ; on a cru convenable de laisser au jugement de chacun le soin d'y trouver les preuves d'innocence qui ont porté la conviction dans le cœur des amis de Marie Cappelle. Mais, en vérité, quand on lit ces expressions si souvent et si noblement répétées de résignation, de pardon pour ses persécuteurs, de confiance en Dieu et dans une autre vie, et en même temps de révolte et d'indignation contre les cruelles préventions des hommes, comment peut-on les supposer dictées par les calculs d'une basse hypocrisie, vice ignoble dont on a fait le mobile de toutes les actions de l'infortunée prisonnière ?

Deux hommes recommandables par leur rang et par leur caractère, complétement étrangers à la défense de Marie Cappelle et désintéressés dans sa cause, ont étudié de près sa conduite durant son séjour à Brive et à Tulle ; ils ont eu soin de se mettre en garde contre cette puissance de fascination dont on lui a fait un crime, et qui aurait dû être plutôt un indice d'innocence. On sera sans doute bien aise de connaître leur jugement.

Le premier ne l'avait jamais vue avant l'accusation ; il fait précéder par ces mots la copie de ses lettres :

« J'ai suivi sans passion tous les procès de Marie Cappelle ; je voulais avoir une conviction sûre, entière, fidèle ; je crois y être arrivé. A Brive, j'examinai toute la procédure; je portai dans cette étude la sévère et scrupuleuse attention d'un juge. Je me défiais de ma première impression, et j'eusse été aussi malheureux de m'intéresser au crime que de condamner légèrement une pauvre innocente. C'est à l'examen approfondi de toutes les pièces de la procédure, à la lecture attentive de la correspondance de Marie Cappelle, au récit du mariage et de la vie de M. Lafarge, à la vue de sa veuve, traînée sur le banc des voleurs et sachant y conserver le calme et la sérénité du juste, que j'acquis ma conviction. L'accusée était fière dans son malheur; elle apporta à cette première audience une douleur pleine de dignité, et c'est peut-être à cette décisive et solennelle épreuve qu'elle dut les amitiés qui depuis lui sont restées si dévouées. »

Le second avait connu Mme Lafarge pendant son mariage; il n'avait jamais compris qu'elle pût être soupçonnée d'empoisonnement; mais quand vint l'accusation de vol il ne put s'empêcher de douter, et dès lors il s'attacha à découvrir la vérité; il épia la prévenue dans ses actions et dans ses paroles les plus insignifiantes; il scruta les replis les plus secrets de sa conscience, et il recueillit de cette étude une foi si complète, une ardeur de dévouement si grande, qu'il crut devoir, depuis ce moment, consacrer tous ses efforts à la réhabilitation de celle qui était à ses yeux la plus intéressante victime de la fatalité. Voici ce qu'il écrivait le lendemain du jour où il la vit pour la dernière fois, à son départ pour Montpellier.

« ...... Plus que jamais j'espère. Plus je vais, plus ma conviction grandit. Ce n'est pas une sympathie irréfléchie, ce n'est pas une foi aveugle ; c'est par le raisonnement, par l'intuition, par l'interprétation des faits que je me suis convaincu....

Je puis le dire avec orgueil, avec joie... Depuis deux ans je n'ai guère quitté Mme Marie. Les jours que j'ai passés loin d'elle lui étaient consacrés au moins par la pensée, et ses lettres venaient encore me rappeler plus intimement son souvenir et sa vie solitaire. Pendant tout ce temps d'intimité, je n'ai jamais surpris en elle un indice de faiblesse, une trace de remords, une idée même fugitive qui ne fût noble et digne ; jamais un mot de fiel, un désir de vengeance, une malédiction !....

Dans les jours solennels on se fait une ligne de conduite, un plan qu'on suit plus ou moins parce qu'on sait qu'une hésitation serait fatale.... Dans les jours de solitude et d'oubli on ne peut ainsi rester à une hauteur factice ; on a besoin de redevenir soi-même ; il est impossible de ne pas se livrer à des yeux observateurs, et je jure que j'ai souvent étudié et scrupuleusement observé, pour pouvoir plus tard répondre par une certitude aux doutes qui m'entouraient !.. Je le dis avec confiance : Mme Marie est une noble femme ! Dieu ne l'a pas abandonnée ; il relèvera son front ; il la lavera de toute souillure ! C'est l'œuvre du temps et des amis que le malheur n'a pas effrayés, que la calomnie n'a pu atteindre !... »

Oui, c'est bien là le vœu de tous les amis de Marie Cappelle. Ils espèrent que Dieu amollira le cœur de ceux que la haine, l'intérêt ou une fausse honte ont portés à précipiter dans l'abîme une femme complétement innocente peut-être ! Ils espèrent que le remords atteindra quelqu'un des vrais coupables... Et qui sait ? le cri d'une seule conscience peut éveiller toutes les autres; la vérité tout entière peut éclater au moment où l'on s'y attendra le moins, et donner encore une fois aux hommes une leçon de prudence et d'humilité.

Quant à nous, éditeurs, nous n'avons pas cru devoir refuser notre concours à une œuvre de conscience et de vérité. Nous pouvons répondre de l'authenticité des lettres; nous les avons toutes vues et en partie copiées sur les originaux. Les notes, à peine lisibles, que Marie Cappelle griffonnait pour elle, seule dans ses prisons de Brive et de Tulle, sont entre nos mains, et elles ont été reproduites sans aucune modification.

Il se peut que nous soyons encore en butte au blâme des personnes qui ne partagent pas nos sentiments; qu'importe? Nous avons déjà subi, sans nous en effrayer, les atteintes de la calomnie. On ne nous reprochera pas du moins, cette fois, de spéculer sur le scandale et les préoccupations du moment; car nous avons attendu, pour nous adresser à la raison du public, si toutefois il veut bien nous lire, qu'il fût devenu à peu près indifférent à la cause que nous défendons.

A. RENÉ.

I

Le 25 janvier 1840 la porte de la prison de Brive se referma sur Mme Lafarge. Nous n'essaierons pas de rendre ses premières impressions ; voici comment elle l'a fait elle-même dans les notes manuscrites que nous possédons, et qui rendent compte, jour par jour, des premiers temps de sa captivité :

« Après quelques heures de ce sommeil profond qui seul vient suspendre les grandes douleurs, le réveil à la vie et à la réalité est horrible ! Dans le paroxysme du malheur, tant que la lutte existe, la souffrance a une sorte d'activité et de grandeur qui enivre ; mais quand le combat est fini, lorsque l'on est vaincu, lorsque l'on est esclave, lorsqu'il faut dire adieu à toutes les illusions, à toutes les joies du passé, on souffre une agonie mille fois plus terrible que l'agonie des mourants!....

En ouvrant pour la première fois les yeux dans ma prison, je jetai un cri de douleur et je cachai précipitamment ma tête entre mes mains pour échapper encore à la réalité!... Mais je ne pouvais aussi apposer un sceau sur mes pensées; elles me torturaient.... J'appelai en vain la religion et l'espérance à mon secours; hélas! tout avait disparu de mon cœur, si ce n'est le souvenir de mes opprobres et celui de mon déshonneur!....

Imbue de tous les préjugés du monde, au bruit et à la vue du trousseau de clefs qui s'agitaient à la ceinture de la femme du geôlier lorsqu'elle entra dans ma chambre avec le jour, je fermai les yeux et j'eus un frisson de répulsion et presque d'épouvante... Injuste que j'étais ! cette femme était bonne! Cette femme, qui depuis quarante ans vit au milieu de tous les crimes, de tous les désespoirs, avait encore des larmes, et je les vis couler sur moi! Honteuse de mes préventions, je pris et je serrai la main de la bonne Mme Jaucin, et elle me remercia de *l'honneur que je lui faisais* d'un air si touché et si reconnaissant que je laissai tomber en pleurant ma tête sur son épaule, en lui disant tout bas :

« Je suis innocente!

— Je l'avais deviné en vous voyant, » me répondit-elle.

Son respect et ses soins me firent comprendre la vérité

de ses paroles, et cette croyance instinctive vint me fortifier et m'honorer... »

La santé de Marie Cappelle n'avait pu résister aux violentes secousses qu'elle avait éprouvées ; l'administration la confia aux soins de Clémentine Servat, sa femme de chambre. Mlle Emma Pontier, qui avait veillé près de sa cousine dans les dernières heures de l'épreuve, ne voulut pas l'abandonner ; on n'osa refuser à ce noble dévouement les quelques jours de prison qu'elle voulut partager avec sa parente.

On avait préparé pour Mme Lafarge une petite chambre ; c'était un appartement assez propre, mais fort triste. Deux lits séparés par un paravent, un fauteuil, quelques chaises, une table, une commode, des rideaux blancs aux fenêtres, voilà tout l'ameublement. Quelques gravures religieuses pendaient le long de la muraille ; un Christ reposait au-dessus du chevet du lit.

Marie Cappelle voyait une accusation affreuse se dresser devant elle ; l'horreur publique la poursuivait déjà, et pas un ami, pas un parent ne se présentait encore pour l'encourager et pour la défendre. Seule avec ses horribles pressentiments, seule avec son désespoir, ne trouvant un peu de force et de résignation que dans le dévouement des jeunes filles qui l'entouraient, et qui ne pouvaient que gémir sur d'irréparables événements, bien des jours il lui fallut attendre les fortifiantes sympathies qu'elle rencontra plus tard ; bien des jours elle dut vivre au fond d'elle-même, comprimant ses cris d'indignation pour ne pas arracher des sanglots déchirants à la faiblesse de ses deux amies.

Et cependant, lorsque tout semblait abandonner Marie Cappelle, on redoublait de précautions ; la garde ordinaire de la prison parut insuffisante ; un gendarme veillait nuit et jour au bas de son escalier, et toute communication était défendue avec le dehors. Tant d'isolement, tant de sévérité ne purent arracher du fond de cette âme énergique l'espérance de l'avenir. Qui donc donnait à cette femme cette vie de l'âme qui domine les événements, et reste impassible et calme au milieu des tourmentes? Les premiers flots de l'accusation et de la haine populaire passèrent sur cette faible tête sans la submerger; et plus son ciel devenait sombre, plus sa conscience, son intelligence et sa volonté rayonnaient d'un vif éclat.

« Mon âme n'est pas de celles que font fléchir les factions tyranniques et les clameurs de la foule; jamais elle n'eut de larmes que pour les douleurs et les joies du cœur... L'homme outrage, mais le temps venge... Grand Dieu! je remets dans tes mains tous mes opprobres, et ta verge puissante tombera sur ceux qui m'ont frappée. Relève la pauvre fleur courbée sous la calomnie, et rends-lui la blancheur rayonnante que tu donnes aux lis de tes vallées... Hélas! je suis accablée de l'impression amère de la terre et des choses terrestres, des passions dévorantes, des sentiments d'une nature monotone et vulgaire, de l'agitation du cœur, véritable torture morale; je suis accablée de la longueur du jour, des fantômes de la nuit, du souvenir du passé, des années si nombreuses qu'il faut encore au temps pour blanchir mes cheveux... J'ai été trop longtemps sur le roc aride du désespoir pour attacher mes yeux sur la voile passagère qui fuit cet écueil affreux. Je n'élèverai plus ma voix..... quel est celui qui voudrait écouter mes plaintes?...Je n'appartiens plus ni à ce peuple ni à ce siècle. Mourir n'est rien, mais se flétrir ainsi... Servir de spectacle aux yeux du vulgaire, être sevrée de ma famille, de ma maison, de tout ce qui rend la société douce et charme la vie... Me sentir dans la solitude des rois sans avoir leur puissance et leur couronne!... Envier le nid et les ailes de l'hirondelle qui revient avec le printemps sous le toit de mes pères... Voilà le destin sans espoir dont j'ai reçu une leçon bien amère; mais du moins ma conscience est libre, je n'ai pas commis de lâcheté; on a fait de moi une martyre et non pas une esclave. Ma pensée m'appartient... Je vous rendrai pure, ô mon Dieu, cette noble faculté que vous imprimez au front de vos enfants pour les faire à votre image! »

Enfin les secours arrivèrent, l'isolement cessa. La famille accourait, quelques amis protestaient devant cette opinion publique si prévenue, et opposaient leur généreuse conviction à ces clameurs désordonnées qui s'élevaient de toutes parts. Le premier de tous fut M. le comte de T***; actif, énergique, il demanda à faire parvenir une première consolation au fond de cette prison; on le lui permit.

« M. de T*** est venu me voir; nous avons beaucoup pleuré!... Il faut des jours, des mois, des années pour fonder une amitié heureuse et souriante; il ne faut qu'un regard, qu'un mot, qu'une larme pour unir intimement l'âme qui console à l'âme qui est consolée !

Depuis que je n'ai vu M. de T***, tant d'événements, tant de malheurs se sont succédé, que je ne puis encore les classer dans ma mémoire, et qu'à ses questions je reste souvent sans réponse... La foudre est tombée, et je ne sais quelle puissance occulte l'a dirigée sur moi... Je me croyais entourée de parents et d'amis, et soudain mille ennemis se sont dressés pour me perdre ; les bouches qui, le soir, avaient déposé sur mon front le baiser de paix, au matin demandaient ma tête !... Que s'est-il passé ? que faut-il croire ?... Mon Dieu ! gardez-moi des jugements téméraires !... (1). »

Mme de T*** est venue ce matin ; elle est aussi noblement croyante que son mari. Je l'ai reçue avec trop d'émotion pour essayer de lui parler ; mais nous avons pleuré longtemps ensemble ; elle a gardé longtemps ma main dans sa main...

Mon oncle est arrivé. Avec quelle angoisse j'ai été lire sa pensée dans son regard ! Dieu soit loué ! il n'y a pas un doute dans son cœur ; j'ai pu m'y réfugier avec toutes mes douleurs ; j'y suis comprise, j'y suis pleurée... Toute ma famille est abîmée sous le poids des horribles événements qui m'accablent. Ma pauvre sœur est bien malade... Mon oncle apporte des papiers qui prouveraient que M. Lafarge n'avait pas seulement de mauvaises affaires, mais encore des affaires déshonorantes. Au mois de janvier il était chargé de payements si considérables que toute ma fortune n'aurait pu les acquitter. Si près du déshonneur, un suicide n'était-il pas croyable ? C'est un peu l'avis de mon oncle, ce n'est pas le mien. Aurait-il choisi un genre de mort si long, si douloureux ?... On nous assure que si une

(1) On comprendra que la malheureuse issue des procès intentés à Mme Lafarge, que l'*autorité de la chose jugée* nous oblige à retrancher bien des révélations que Marie Cappelle enregistrait sur son journal, révélations dont l'importance fut étouffée dans le cours des débats par les efforts passionnés du ministère public.

faillite avait été déclarée, non-seulement M. Lafarge, mais plusieurs autres seraient condamnés aux galères.

.... Le passé, le présent du commis Denis offrent de si tristes et inexplicables actions, que mon oncle a cru devoir le dénoncer au procureur du roi, qui l'a renvoyé au juge d'instruction, qui à son tour lui a répondu *qu'on ne pouvait accueillir dans l'instruction que les renseignements à charge*, mais qu'au jour des débats ma défense aurait le droit de faire entendre tous les témoignages qu'on pourrait recueillir en ma faveur...

Singulière justice que celle qui choisit au hasard la victime et qui dirige contre elle toutes les dépositions, toutes les haines, toutes les apparences! qui refuse un écho à la vérité lorsqu'elle ne se fait pas haineuse et malveillante!... Singulière justice que celle qui force une accusée à détruire en un jour le faisceau de circonstances accusatrices rassemblées contre elle pendant six mois! qui lui donne pour juges des esprits circonvenus, sur laquelle la calomnie s'est infiltrée goutte à goutte, des juges qui doivent, au jour des débats, non-seulement écouter pour juger, mais encore combattre et détruire de fausses convictions!...

Emma vient tous les jours; nous ne parlons jamais d'affaires devant elle : ce serait accuser sa famille, lui rendre trop difficile le respect qu'elle lui doit. Pauvre enfant, si bonne et si douce! elle ne voulait pas voir mon oncle. « Il doit me détester; je suis pour lui la nièce, la cousine de ceux qui vous font souffrir, » répétait-elle en pleurant; et lorsque je l'ai présentée à mes parents comme mon bon ange, lorsqu'ils l'ont accueillie avec reconnaissance et vénération, elle a paru bien heureuse!...

.... J'éprouve parfois une angoisse indicible, une douleur d'instinct qui me frappe comme un pressentiment! Ce soir, lorsque mon oncle s'arrêta au seuil de ma porte pour me jeter son dernier regard d'adieu, lorsque j'entendis son pas se perdre dans les corridors, lorsque les verroux s'ouvrirent et se tirèrent sur lui, je restai anéantie, et les plus terribles pensées se dressèrent autour de mon imagination. Hélas! il n'est que trop vrai; je ne m'appartiens plus; je n'ai plus de famille, je suis à la justice... Sur un soupçon ils ont échangé pour moi la voûte du ciel pour la voûte de leurs cachots! Sur un soupçon ils ont flétri mon passé, ils flétriront mon avenir! Sur un soupçon, demain, aujourd'hui, dans une heure peut-être ils peuvent tirer leurs verroux entre moi et mes amis, sceller mon tombeau, et me vouer vivante à la mort, à l'oubli!... J'étouffe... c'est en vain que j'ai ouvert ma fenêtre; au ciel il n'y a pas une étoile, et la nuit semble peser sur la terre comme le malheur pèse sur moi... »

On ne tarda pas à obtenir quelques modifications au règlement de la prison; le gendarme fut supprimé comme inutile; un surveillant fut seulement adjoint au concierge de la maison. Mme Lafarge fut libre de correspondre avec sa famille et ses avocats. Au jour fixé pour les autres détenus, elle put recevoir ses amis; ils vinrent deux fois la semaine lui porter espérance et résignation. Avec eux mille petits objets agréables arrivaient jusqu'à la recluse ; chacun voulait lui laisser un souvenir ; et des fleurs, des livres, des dessins garnirent bientôt sa petite chambre.

Marie Cappelle, revenue de son premier abattement, accepta courageusement la lutte. Elle comprit toutes les humiliations, toutes les douleurs qui lui étaient réservées ; mais elle consulta sa force, et put espérer le triomphe. Aux heures de solitude et de loisir elle plaçait un travail sérieux et utile, qui développait son intelligence et soutenait son ardeur. Ses études devinrent graves et profondes : des livres religieux et philosophiques, quelques grands poëtes formaient presque constamment ses lectures. Que de fois elle a passé ses nuits, agitée de la fièvre, en parcourant la Bible, *l'Imitation de Jésus-Christ*, Bossuet, Fénelon, Rousseau, Lamennais, Byron ! Et ces grandes pensées, ces grands détachements de la vie calmaient son irritation, endormaient ses douleurs. Elle aimait peu les romans ; quelques volumes de Walter Scott et de George Sand sont les seuls qu'elle ait jamais lus avec plaisir.

Le dévouement de Mlle Emma Pontier devait avoir un terme ; son cœur ne l'aurait pas fixé de longtemps, mais sa famille, en l'absence de son père, alors en Afrique, exigea sa sortie de la prison ; il fallut obéir. La pauvre enfant voulait résister ; Marie Cappelle l'en empêcha ; elle lui fit comprendre les dangereuses préventions que sa générosité pouvait entraîner ; elle lui parla doucement des droits et des devoirs de la famille, et la rendit forte contre ses nobles inspirations.

« .... Ils m'ont enlevé ma douce, ma bonne petite Emma ! Un de ses oncles est venu la chercher ; il l'a menacée de l'abandon de toute sa famille, de l'abandon de tous ses amis. Emma a résisté ; elle est venue pleurer dans mes bras. Elle sacrifiait ses devoirs, ses affections passées à son dévouement ; et moi, pauvre femme qui n'ai plus à partager que des douleurs, il a fallu que j'employasse toutes mes raisons, toutes mes forces, toutes mes prières pour éloigner mon bon ange !... Elle est partie ; elle est déjà loin. Déjà toutes les paroles qui frappent son oreille sont des paroles de réprobation et de haine pour sa triste calomniée... Mon Dieu, gardez-moi sa croyance et son cœur !...

M. de C*** est arrivé; sa présence m'a fait mal. Il est désespéré, accablé, humilié; oui, humilié! Il n'a pas compris que l'humiliation est dans la faute et non dans la punition injuste; que le vice est seul une souillure, et que la prospérité n'est pas une vertu! »

Marie Cappelle comprit bientôt qu'elle devait s'occuper sérieusement de sa défense; mais sa santé devenait de plus en plus mauvaise et ne lui laissait presque pas un instant. Le médecin qu'on lui avait choisi était le plus digne et le plus intelligent de tous les docteurs; M. Ségeral avait l'expérience que donne son âge, mais il avait l'ardeur, la chaleur d'âme que les années ne refroidissent pas. Combien de fois n'a-t-il pas, avec ses paroles douces, fortifiantes, consolé et calmé sa malade! et avec quelle reconnaissance, quelle vénération Mme Lafarge ne parle-t-elle pas de son vieil ami!

Au premier jour de son arrestation elle avait demandé un prêtre; on lui en avait conduit un. L'attente de cette visite l'avait rendue bien heureuse; elle en parlait avec foi et espérance; elle voulait retremper, disait-elle, son innocence à ce feu divin qui épure tout. A la sortie du ministre de Dieu elle était triste, découragée. Que s'était-il donc passé dans ces confidences intimes? La prisonnière ne l'a pas dit, mais elle n'en protestait pas moins haut de son innocence, et répétait souvent qu'elle ne demanderait plus qu'à Dieu l'absolution de ses fautes, puisque les hommes lui jetaient le doute et l'anathème.

« Autrefois, quand ma pensée se portait vers les malheureux prisonniers, je voyais des cachots, de pauvres créatures qui pleuraient; près d'elles un bon prêtre essayant de mettre dans leurs âmes le ciel qu'on avait ravi à leurs yeux... Dans les véritables prisons on ne pleure guère, et l'on n'est pas consolé! Pourtant la religion est-elle jamais plus grande, plus efficace que devant le repentir? Ne doit-elle pas sanctionner cette initiation douloureuse, cette expérience pleine d'angoisses et d'enseignements terribles? Pourtant la religion est-elle jamais plus grande qu'en relevant l'âme que le monde a flétrie, l'âme qu'elle sait pure, qu'elle sait martyre?... Après une grande infortune l'homme n'attend que la main qui se tendra vers lui. Son cœur a été brisé; il lui faut un intermédiaire entre sa faiblesse et la grandeur de son Dieu; il lui faut le prêtre qui peu à peu le détache de ce monde en lui montrant l'éternité; le prêtre qui se fait ami, qui console, qui dirige, qui blâme, qui soutient. Les prêtres manquent souvent sur le chemin du Calvaire; Dieu seul est toujours là quand on souffre et qu'on le cherche...

.... Je ne suis pas encore bien éveillée à la réalité... Je ne sais pas envisager froidement le présent, et il m'est impossible sans vertige de sonder l'abîme où des ennemis acharnés m'ont précipitée. Après des heures d'angoisses, après avoir versé des larmes amères, après avoir crié au Ciel mes souffrances et leurs injustices, je ne retrouve un refuge que dans le passé ou dans un vague indéfini qui ressemble plus au calme de la folie qu'au calme de l'espoir... Je me sens souffrir sans pouvoir analyser mes souffrances. Je vis hors de moi-même et je demande à Dieu qu'il me donne la force de descendre dans mon cœur et dans mes pensées avec la dignité et la résignation qui conviennent à l'innocence.

.... J'ai reçu une petite lettre bien touchante d'Emma; elle est au désespoir... Elle m'aime en dépit de sa famille qui lui en fait un crime, mais elle souffre. Son imagination exaltée lui fait voir le martyre pour prix de son dévouement et de ses nobles et véridiques aveux... Emma a été obligée de subir au greffe un second interrogatoire. Ses tantes, pour la forcer au silence ou à des mensonges accusateurs, lui ont dit que, si elle continuait dans ses dépositions favorables, elle serait mise en prison, accusée de faux témoignage, perdue, déshonorée. La pauvre et noble enfant n'a pas dévié du droit chemin, mais elle craint tout; elle souffre, elle pleure, elle se voit déjà accusée, condamnée.... Hélas! elle sait que je suis injustement accusée, elle sait aussi que l'innocence, toute-puissante devant Dieu, n'est pas un refuge devant les juges de la terre!...

.... La pauvre petite Charlotte est venue ce matin pour

me voir (1), mais elle n'a pu obtenir l'autorisation de m'apporter quelques paroles d'affection et d'encouragement. Elle a vu Clémentine dans la geôle, et là, en présence du geôlier, elle lui raconta en pleurant tout ce que la famille Lafarge lui avait fait souffrir depuis qu'elle la soupçonnait de me plaindre. « Ils voudraient me faire dire comme eux, disait-elle, mais je ne veux pas être damnée. Croiriez-vous qu'ils n'ont pleuré le pauvre défunt que quand les docteurs ont eu dit qu'il n'était pas empoisonné! Ce jour-là Mme Lafarge et Mme Buffière se lamentaient et criaient que c'était affreux, des médecins qui ne savaient rien et qui laissaient des empoisonneuses tranquilles comme des honnêtes femmes! » Les paroles, les pleurs de Charlotte et les naïves expressions de son attachement pour moi firent couler les larmes de toute la famille du geôlier, et Mme Jaucin vint en toute hâte me les répéter. Je sus aussi par elle qu'après un interrogatoire ou plutôt une dénonciation de cinq à six heures, Mme Lafarge était rentrée de force dans le cabinet du juge d'instruction pour réparer *quelques oublis* échappés à sa mémoire, et que celui-ci avait été obligé de la mettre poliment à la porte en lui disant que c'était trop fort, et qu'il ne pouvait en entendre davantage.

Il paraît que le déchaînement de toute la maison Lafarge contre moi, n'a pas de bornes. Après des journées passées au greffe à me calomnier, ils vont passer leurs moments de repos en visites accusatrices auprès de tous leurs amis et connaissances ; les femmes font de quelques boutiques des

(1) Charlotte était une jeune servante du Glandier.

chaires d'accusation; les hommes font retentir les cafés des plus abominables propos contre moi.

Mme Lafarge logeait habituellement dans l'hôtel de Toulouse. Apprenant que cet hôtel me fournissait quelques potages, elle le quitta précipitamment, en prétendant qu'elle avait peur que je ne la fisse aussi empoisonner!... »

Cependant, au milieu des calomnies et des injures qui débordaient de toutes parts, l'opinion publique s'égarait. Il était temps, trop tard peut-être pour arrêter ces déplorables préventions. Des intérêts ennemis veillaient; la défense seule était muette. M. Paillet avait été chargé à Paris du salut de Mme Lafarge par sa famille, mais il ne pouvait suffire de si loin aux embarras de cette vaste affaire; il demanda qu'on lui adjoignît des avocats du pays. Ce furent M. Bac, avocat à Limoges, et un peu plus tard M. Lachaud, avocat à Tulle, que désigna l'accusée.

Les défenseurs étaient choisis : il s'agissait maintenant de se présenter résolument au combat.

II

Mais déjà une nouvelle ignominie était reprochée à Marie Cappelle; à l'horrible empoisonnement l'accusation joignait une honteuse escroquerie. Les journaux avaient appris et répétaient chaque jour qu'un vol avait été commis par elle, avant son mariage, au préjudice de sa plus intime amie, Mme de Léautaud. Une parure en diamants avait disparu pendant son séjour à Busagny au sein de la famille de Nicolaï.

Mme Lafarge, qui ne recevait pas de journaux, ignorait tous ces bruits infamants; la justice ne lui avait pas encore adressé de questions. Ses amis durent la prévenir; ils hésitèrent. Le vol leur paraissait impossible... mais n'était-ce pas briser cette pauvre femme, déjà si accablée, que de lui révéler cette nouvelle torture!... Cependant il n'y avait pas à reculer : on se décide à lui en parler; un de ses amis se rend près d'elle.

« Préparez-vous, madame, lui dit-il, à de nouvelles souffrances; la calomnie ne se lasse pas; vos ennemis cherchent à vous dégrader par les plus ignobles actions; on dit, on répète, on imprime que vous avez les diamants de Mme de Léautaud. »

Mme Lafarge répond avec calme : « Mais on dit vrai, monsieur.

— Quoi! madame... Mais c'est d'un vol qu'il s'agit!

— D'un vol! Oh! non, reprend Mme Lafarge en souriant; cette honteuse lâcheté serait écrite que personne n'y croirait. Un mot de Mme de Léautaud suffira pour tout expliquer; elle le dira s'il le faut.

— Mais comment ces diamants sont-ils en votre pouvoir?

— Qu'importe?... C'est un secret confié à mon cœur, et que mon cœur gardera. Rassurez-vous; j'ai mieux ici que mon innocence pour me défendre : j'aurai la parole et le témoignage de Mlle de Nicolaï. »

Et la conversation prit un autre cours.

Les parents de Mme Lafarge s'étaient réunis autour d'elle, effrayés, éperdus, ne comprenant rien à tout ce qu'ils voyaient et entendaient, voulant tout savoir, questionnant avec insistance, s'indignant à chaque mot du récit qui leur était fait. — Mme Lafarge leur dit sans restriction tous les faits relatifs à l'affaire de l'empoisonnement; elle resta muette au sujet des diamants. Elle déclarait ne pouvoir dire la vérité; elle demandait qu'on n'insistât pas pour la savoir. Prières, menaces, tout fut inutile.

« Je choisirai un de mes avocats, un ami, répétait-elle sans cesse; je lui confierai sur son honneur une mission que lui seul connaîtra : sa démarche suffira ; ne vous en inquiétez plus. »

Mais laissons parler son journal :

« Ce matin, comme je m'étonnais tristement, devant mon oncle, du silence de Mme de Montbreton pendant ces jours d'angoisses, il ne me répondit pas, et je vis une singulière expression se peindre sur sa figure.

« Me croirait-elle coupable? m'écriai-je; elle que j'aimais tant, et qui savait si bien m'aimer! Oh! c'est impossible... impossible!

— Écoute-moi, me dit mon oncle; je vais te faire mal, mais il le faut. Non-seulement elle te croit coupable du crime dont on t'accuse, mais elle laisse dire, elle laisse supposer que les diamants pris l'été dernier à Busagny ont pu l'être par toi! »

Je restai anéantie... Ces diamants je les avais oubliés dans ces jours de malheur! Ils étaient restés au Glandier; et s'ils ne s'y retrouvaient pas, si je ne pouvais les rendre à Marie, si elle allait me croire capable de les avoir vendus pour venir au secours des mauvaises affaires de M. Lafarge! Comment me disculper! comment me défendre!... Je saisis la main de mon oncle :

« Ne me cache rien, dis la vérité tout entière. Est-ce Mme de Léautaud qui m'accuse?

— Non.

— Est-ce devant elle que je suis accusée?

— Je ne le crois pas.

— Serait-ce Mlle Delvaux?

— Non. S'il faut te le dire, je crois que ces déplorables suppositions ont été soulevées et propagées par M. de Léautaud. »

Si Marie m'eût accusée, si elle m'eût laissé accuser devant elle, j'aurais tout confié à mon oncle; mais trahir la première une amie!... servir peut-être les soupçons d'un mari qui pouvait, par de sourdes menées, chercher à découvrir les secrets de sa femme!... C'était une faiblesse qui révoltait tous mes sentiments d'affection, une prudence qui me semblait une lâcheté!...

Mon oncle devait partir le soir même pour Paris, où le rappelaient ses affaires et les miennes. Je voulus d'abord le charger d'une lettre pour Mme de Léautaud ; mais cette lettre pouvait être mal interprétée. Ma famille pourrait craindre que, sans être coupable, effrayée de l'effet de semblables soupçons dans un pareil moment, je n'eusse écrit à Marie pour lui demander le silence au nom de l'amitié, et que je n'eusse adressé une prière à celle qui me devait une réparation. Je priai donc secrètement mon oncle d'aller lui-même chez Mme de Léautaud, de lui dire que des calomnies étranges étaient venues jusqu'à moi, que je les avais méprisées, que j'avais fait mon devoir d'amie, que je lui demandais de faire le sien, *de se souvenir!...* »

« .... Inquiète au sujet des diamants que je désire par-dessus tout retrouver, j'ai prié M. L*** d'aller au greffe pour demander la levée des scellés. Le procureur du roi lui a dit qu'il avait reçu de Paris, ce matin même, l'ordre de faire une perquisition au Glandier; que je pourrais m'y faire représenter, et que les scellés seraient ainsi levés dans l'intérêt de l'accusation et de la défense... »

« .... Ces nouveaux soupçons, cette nouvelle poursuite, cette accusation de vol sont un triomphe pour mes ennemis, une grande douleur pour mes amis. Ce passé sur lequel j'osais appuyer mon innocence, ce passé qui pouvait compter des actions légères, imprudentes, blâmables, mais pas une bassesse; ce passé devient la proie de la famille Lafarge, qui étaie sa dénonciation d'empoisonnement sur un soupçon de vol ! Mais ces triomphantes manifestations, loin de m'inquiéter, me rassurent. Si les diamants qui m'appartenaient avaient pu disparaître, des diamants qui m'accusaient devaient se retrouver; et ce qui semble me perdre devra me sauver... »

« .... L'impossibilité où je suis de dire toute la vérité dans l'affaire des diamants fait le supplice de mes conversations avec mes amis. Il y a une heure, comme nous en parlions encore, j'ai demandé à M. de T***, pour cette seule chose, de me croire sans explication.

« Voici ma main, lui ai-je dit; je la mets dans la vôtre comme gage de la parole que je vais vous donner.... Je suis aussi innocente de cette accusation que des autres. Un jour, bientôt, je l'espère, vous saurez toute la vérité, et, je vous le jure, vous pourrez me garder toute votre estime. »

« .... Je suis bien malheureuse !... Ces événements m'accablent, et pour mettre la vérité dans mes paroles il faut que j'apprenne l'oubli et la trahison à mon cœur... M. de C*** m'a dit que M. de Léautaud, aussitôt après la nouvelle de mon arrestation, était venu chez ma tante de Martens, qu'il avait osé insulter à son malheur en lui laissant entrevoir ses soupçons à mon égard, et qu'il avait été jusqu'à lui offrir son silence au prix de la valeur des diamants, 5 ou 6,000 francs; mais que ma tante l'avait invité à se retirer, après l'avoir fait rougir de sa démarche... Pauvre Marie, combien elle a dû souffrir ! Je suis sûre qu'elle en perd la tête, qu'elle ne sait à quel saint se vouer au ciel, à quel cœur s'adresser ici-bas... Cette justice qui va m'interroger devra aussi recevoir ses révélations. Comment savoir si elle aura parlé, ce qu'elle aura dit?... Je veux la sauver; mais si elle m'abandonnait! si elle me trahissait! Cette idée est terrible!... Pardon, pauvre Marie, le malheur rend méfiant; pardon, car si l'esprit doute, le cœur a gardé ses croyances comme ses affections et son dévouement...»

« .... En apprenant que M. L*** avait été au Glandier pour réclamer hautement la petite boîte de diamants, dont la remise entre les mains de la justice me soulagerait d'un grand poids, M. de C*** vint, inquiet, préoccupé, m'interroger sur ces diamants, sur cette petite boîte... C'est alors qu'il m'a fallu rassembler tout mon courage! c'est alors que je balbutiai, et qu'après avoir tremblé, rougi et pâli tour à tour, je ne pus que m'écrier :

« Je suis innocente, vous ne sauriez en douter. Les apparences peuvent m'accabler aujourd'hui dans l'esprit des indifférents, mais le jour de la vérité viendra, et ces apparences, que je ne *veux* pas détruire, me seront un titre à l'estime de tous ceux qui savent aimer et se dévouer. »

M. de C*** voulut en vain me prouver que je devais à son ancienne affection et à sa parenté une confiance entière; en écoutant ses expressions de mépris et de profonde rancune pour quelques membres de la famille Nicolaï, je compris que l'honneur de Marie ne lui serait pas sacré, et que le sceau du secret serait brisé par son indignation. Je persistai donc dans mon système de mystérieuse retenue, quoi qu'il pût en coûter à mon cœur. »

La justice cependant accélérait l'instruction des diamants; la prévenue devait être interrogée. Au moment où l'on s'y attendait le moins, à peine de retour du Glandier, le juge d'instruction se présente. Que va dire Marie Cappelle? Ses amis, ses parents sont dans la plus vive anxiété. Sa réponse sera-t-elle vraie, probable?... On attend, on espère... Voici sa réponse au juge :

« Ces diamants m'ont été envoyés par un parent *dont je ne sais pas le nom,* qui demeure *je ne sais où,* à Toulouse, je crois; ils me sont arrivés par une voie *que je ne connais pas.* »

Et, pressée par le juge d'instruction, elle termine :

« Mais la personne de qui je tiens ces diamants ne restera pas longtemps sans venir me justifier. »

A la lecture de cette incroyable réponse, les amis de Mme Lafarge étaient accablés : rien de plus absurde, de plus inepte. Ils rentrent à la prison, et trouvent Marie Cappelle heureuse, triomphante, d'avoir sauvé, par *sa bêtise,* la vérité qu'elle ne voulait et qu'elle ne pouvait dire.

« .... Combien une vérité même humiliante est plus facile à dire que le plus léger mensonge! Combien il m'a fallu rassembler de force et d'énergie pour trouver ces grosses absurdités! Le juge d'instruction me regardait avec étonnement, le greffier avec stupéfaction. M. L*** ne pouvait comprendre le désir que j'avais si formellement exprimé et les démarches que j'avais fait faire pour retrouver des diamants dont j'expliquais si peu la possession, et qui me compromettaient si gravement. Quand nous fûmes seuls il voulut me faire ses remarques... Je l'interrompis en l'assurant que j'étais sauvée, que j'étais sans craintes comme sans remords, et qu'il pouvait être bien tranquille sur les suites de ce singulier interrogatoire. — Je lui demandai ensuite s'il avait trouvé la petite boîte dans le tiroir à secret; il m'apprit que les diamants étaient bien dans ce tiroir, dont le serrurier déclarait avoir déjà brisé le secret; et il ajouta qu'on avait fait une remarque au moins extraordinaire : ce petit meuble, où M. Lafarge enfermait son argent et ses papiers les plus précieux, était disposé dans l'enfoncement du mur. On avait mis les scellés sur la serrure, mais l'encadrement qui entourait l'ouverture de ce secrétaire avait visiblement été enlevé, puis reposé, et ces fractures n'existaient pas avant l'apposition des scellés. Plus de doute : les diamants devenus accusateurs avaient repris leur place en acquérant leur valeur dénonciatrice contre moi... »

« .... Mon silence inquiétait tous ceux qui m'entouraient, mais il indignait surtout M. de C***. Les absurdités de mes réponses au juge d'instruction, mes appels à l'avenir, mes protestations d'innocence le rassuraient bien en dépit des apparences ; il comprenait un mystère et voulait en obtenir la solution complète. Son insistance finit par m'être insupportable. Nous étions séparés par l'abîme d'un secret. Il accusait mon silence, j'accusais ses questions ; il ne comprenait pas que le mot qui pouvait détruire ses craintes pouvait aller aussi briser une existence. Nos pensées s'évitaient, nos larmes seules se mêlaient en silence... Je pressai son départ pour Paris. Il ne m'était plus possible de le charger d'un message verbal, fût-il même insignifiant. M. de C*** ne pouvait rencontrer M. de L*** sans lui demander raison de sa lâche accusation ; le scandale d'un duel eût été une trop dangereuse protestation d'innocence, et ce n'est pas en imposant le silence à ses ennemis que l'on conserve l'estime de ses amis. Mais ce départ devait porter plus vite à Paris les détails de mon interrogatoire ; je voulais que Mme de Léautaud en fût instruite avant d'être appelée devant le juge d'instruction de Paris, afin de lui donner ainsi les moyens d'expliquer le mensonge évident que j'avais fait pour la sauver, avec une petite vérité qui me rendrait blanche de toutes ces calomnies, sans lui faire subir toutes les conséquences fatales de la *grande vérité* qui eût sans doute altéré son bonheur intérieur... »

Il était temps néanmoins d'arrêter cette poursuite des diamants ; Mme Lafarge en avait les moyens : on la pressa de ne pas différer. Ses parents étaient repartis sans emporter son secret ; elle était éloignée de ses avocats ; quelques amis veillaient auprès d'elle, ne lui dissimulant pas l'étrange et fatal effet de la prévention de vol. Elle dut prendre un parti ; elle se décida à écrire une lettre qui devait être portée à Limoges à M. Bac. Cette lettre devait être lue par lui ; elle contenait les démarches à faire et tous les détails relatifs aux diamants.

Au moment du départ de celui qui devait porter la lettre, Mme Lafarge lui révéla ce qu'elle contenait : « Mme de Léautaud lui avait remis ces diamants pour M. Clavé ; diverses circonstances l'avaient engagée à se procurer de l'argent pour s'assurer de la discrétion de cet homme, et diverses circonstances n'avaient pas permis à Mme Lafarge de réaliser la vente de ces diamants. Il s'agissait pour M. Bac de demander et d'obtenir de Mme de Léautaud l'aveu de toutes ces circonstances. »

Qu'on juge de l'effroi que cette révélation dut inspirer à celui qui la recevait! Il fit pressentir à Mme Lafarge la résistance qu'allait faire Mme de Léautaud ; il lui dit, dans les termes les plus vifs, l'impossibilité où était cette jeune femme de signer ainsi son déshonneur, et il conseilla d'essayer un mensonge qui sauverait ainsi l'honneur à toutes deux. Mme Lafarge ne comprit pas l'hésitation chez Mme de Léautaud ; son affection et la vérité devaient être plus fortes que toutes les considérations humaines ; elle exigea que la démarche fût faite.

Mais par qui cette démarche devait-elle être essayée? On engagea Mme Lafarge à s'en remettre à un de ses parents : elle ne voulut pas ; déjà toutes relations étaient rompues entre les siens et ceux de Mme de Léautaud. Le monde avait aigri leurs reproches et leurs récriminations ; ils étaient irrités et ne pouvaient s'entendre.

On parla d'un ami, il fut encore refusé par Mme Lafarge ; il n'avait aucun caractère dans le procès, on ne le recevrait qu'avec défiance ; sa discrétion pouvait être mise en doute. Il ne restait plus que les avocats, MM. Bac et Lachaud : M. Paillet n'était pas encore arrivé. M. Bac fut choisi et dut partir pour Paris.

III

Avant le départ de M. Bac on s'était occupé déjà de l'affaire criminelle; plusieurs amis de Mme Lafarge, redoutant les préventions haineuses du département de la Corrèze, songeaient à demander à la Cour de cassation que le procès criminel fût renvoyé devant une autre Cour d'assises; c'était presque l'avis de tous; Mme Lafarge seule y résistait. « Elle ne comprenait pas, disait-elle, un choix entre des juges; elle était innocente, et toutes les préventions devaient céder devant l'évidence. » Voici ce qu'elle écrivit à M. Lachaud, qui était à Tulle, pour le gagner à son opinion :

« Monsieur,

« Je ne consentirai à aucune démarche avant mardi; je veux profiter de vos conseils; je vous en prie, faites-vous éloquent pour détruire d'injustes préventions qui ne sont pas miennes, et qui m'ont attristée sans me convaincre. Faites que mon innocence n'aille pas s'abriter loin de vous, et que je ne recule pas devant un tribunal de juges prévenus peut-être, mais que l'évidence des faits saura suffisamment éclairer. »

La résistance de Mme Lafarge triompha de tous les conseils; puisqu'elle l'exigeait, on renonça à solliciter une autre Cour d'assises.

Cependant quelques esprits graves et généreux résistaient à cette fièvre d'accusation qui gagnait de toutes parts; déjà, dès les premiers jours, des témoignages de sympathie étaient arrivés jusqu'à Marie Cappelle; c'étaient comme des rayons d'espérance qui brillaient dans son malheur. Le jour des manifestations populaires n'était pas encore venu; une parole de croyance apportait toujours un instant de bonheur. A toutes les lettres qui lui furent écrites vers cette époque elle fit des réponses simples, tristes, sans prétention, convenables à son malheur, dignes de son innocence. A la date du 2 février 1840, elle écrivait à M. Ch. de S. :

« Merci, monsieur, et que Dieu vous bénisse pour ce mot de sympathie que vous n'avez pas refusé à une pauvre femme. Je ne suis forte que par l'intérêt de ceux qui croient en moi. Que la Providence me garde jusqu'au jour qui me montrera digne de leur estime, ma vie sera remplie.
« Permettez-moi, monsieur, de compter toujours sur votre entière participation, et recevez, etc. »

M. Bac était arrivé à Paris ; il avait vu Mme de Léautaud et sa famille ; il n'avait rien obtenu. On repoussait avec indignation et colère les faits dont parlait Mme Lafarge, et plus que jamais on en appelait à la justice. M. Bac, découragé, comprenant bien les fatales conséquences du procès qu'il ne pouvait éviter, comprenant aussi le désespoir de sa malheureuse cliente, n'osait pas lui écrire, et pourtant ses lettres étaient attendues avec une impatience que les malheureux seuls comprendront. Chaque jour l'absence d'un courrier ravivait ses angoisses ;

elle n'y tenait plus : ce doute sur son amie devenait le plus cruel de tous ses coups ; ses amis n'avaient pas de consolations à lui offrir ; qui aurait osé lui dire que cette nouvelle accusation n'était pas la perte de toutes ses espérances, de tout son avenir ?

M. Lachaud devait aller à Paris ; Marie Cappelle le supplia si ardemment d'avancer son voyage, qu'il ne put le lui refuser. Il devait aussi voir Mme de Léautaud, demander encore la vérité à sa conscience ; il partit sans espoir. Là où M. Bac avait échoué, il ne comptait pas réussir.

Plus ses amis montraient de dévouement, plus Mme Lafarge leur montrait de confiance et d'affection ; jamais reconnaissance n'a été aussi attentive, aussi gracieusement exprimée que la sienne. Elle prenait les nuances les plus douces, les plus délicates pour traduire ses pensées et ses sentiments ; elle étudiait leur cœur pour correspondre à leurs plus intimes désirs, et lorsqu'une de ses paroles amies était accueillie par un sourire, elle était bien heureuse du faible dédommagement qu'elle apportait à tant de sollicitude. Sa correspondance prouve avec quel abandon elle leur ouvrait son cœur et leur faisait partager ses craintes ou ses espérances. Rien ne pourra mieux rendre les impressions et les vrais sentiments de la pauvre recluse que ces confidences écrites chaque jour, et qui ne devaient être lues que par les amis dévoués qui les recevaient.

Si les lettres de Marie Cappelle qui se rapportent aux premiers mois de sa captivité sont presque toutes adressées à M. Lachaud et lui expriment une confiance si entière, si intime, il ne faut pas oublier que le dévouement de son jeune défenseur se montra toujours aussi courageux que désintéressé, et que la pauvre prisonnière ne savait plus être forte sans ses encouragements, ne pouvait plus être calme sans ses consolations.

Voici quelques-unes des lettres qu'elle lui écrivit pendant son voyage à Paris.

11 avril 1840.

« Il est minuit... Pour moi vous souffrez le froid, l'ennui du voyage; pour vous je prie Dieu de tout mon cœur. J'ai compris qu'il me fallait prier pour calmer mes angoisses, pour envoyer mes pensées près de mes amis, pour résigner mon cœur. Prières et souvenirs m'ont fait du bien.

Revenez bien vite ; par-dessus tout gardez-moi de l'oubli et du doute. Vous vous fâchez... Pardon, ce n'est pas ce que je pense, mais c'est ce que je crains. J'attire le malheur, vous le savez, et cela doit excuser l'injustice. Là où les autres passent insouciants et tranquilles, l'infortuné sent trembler d'avance le sol sous ses pas. Un jour d'amour a suffi à mes souvenirs de jeunesse ; la mort et l'éternité doivent peut-être suffire à mon espoir d'avenir. Je veux vous quitter, car je ne sais plus éveiller qu'un écho douloureux dans le cœur des amis qui veillent sur moi. »

---

15 avril.

« Merci... Vous avez compris que je serais forte, que mes amis me devaient toute la vérité ; je suis faible contre le doute ; mais quand le malheur a courbé ma tête, Dieu m'envoie le courage de la relever. La crainte d'une adversité à venir pourrait me tuer, la certitude d'une douleur me trouve forte et résignée ; sans doute parce que j'espère dans le secours des hommes pour m'épargner la première, et que c'est plus haut que je demande les forces de lutter contre la seconde. La conduite de L*** est infâme. Je m'y attendais. Maintenant qu'il ne faut plus agir qu'avec toute la vérité, que je ne rends pas avec passion le mal contre le mal, mais que je me défends, que la volonté de Dieu soit faite ; qu'il donne les convictions à mes paroles, le pardon à mon cœur.

Je n'écris pas à ma tante... Ce ne sont pas des phrases qui peuvent convaincre, mais des preuves, mais des faits. Dites-lui, monsieur, tout ce que vous savez et ce qui est. Lisez-lui tous les renseignements écrits que vous avez emportés; mettez-les de moitié dans le résultat de vos démarches. Elle est pleine d'esprit et de tact; vous trouverez toujours en elle l'écho de vos sentiments d'honneur et de dévouement. Je comprends qu'elle m'en veuille, et je me repens. Lorsque j'examine de sang-froid ma conduite, je suis la première à me blâmer; car si je trouve du dévouement dans mon cœur, je vois de l'orgueil dans ma tête, et je croyais bien, en sauvant une amie, me montrer un peu héroïque et exciter un étonnement admiratif. Quelle pauvre folle que l'imagination! comme elle sait peu la vie!...

Peignez bien tout cela à ma tante. Il faudrait que je fusse une infâme qui jette le déshonneur à une amie pour s'épargner le repentir; alors ma famille devrait m'abandonner ouvertement; ou bien ma coupe d'amertume doit exciter bien des sympathies, ils doivent être convaincus et me tendre la main.

E*** est parti mécontent. Vous savez que je ne pouvais tout lui dire. D'un autre côté, sa défiance naturelle me blessait. Combien un premier mensonge coûte cher! il vous ôte la force morale de dire votre innocence; et s'il vous est reproché, s'il devient la base d'un doute raisonné, il ne reste que le silence et la souffrance... J'aime E***. Mon cœur était reconnaissant de ce voyage qu'il faisait pour mon malheur. Je n'ai pas su le lui dire ou le lui prouver. Il y a des personnes auxquelles on parle dans sa pensée, mais à peine on les voit que l'on a la conviction qu'elles n'auront jamais rien à vous dire, que l'on n'aura jamais rien à leur répondre; il semble que l'on se déclare en même temps l'un à l'autre: Je n'ai rien à vous, vous n'avez rien à moi.

Je n'augure rien comme résultat de votre deuxième visite à Mme de L***; seulement il me semble impossible qu'elle ne se trahisse pas un peu, et que vous ne trouviez pas en elle un remords et un souvenir ami. Je vous en prie, ne négligez aucun éclaircissement sur M. C***, sur la vieille bonne, sur E***; dites-moi tout, ne craignez pas de me faire mal. Au retour vous me trouverez forte pour suivre vos conseils, pour aider à vos dévouements... Je ne redoute sur la terre que le reproche juste de mon cœur, ou le reproche injuste de mes amis.

Adieu... MARIE. »

18 avril.

« Je viens de me mettre à la fenêtre; le ciel était bleu, tiède, étoilé au-dessus des murs de la prison; à mes pieds tout était obscur; sur ma tête tout resplendissait: n'était-ce pas cette grande voix de Dieu, qui parle dans toute la nature, qui me disait: Douleur pour toi ici-bas, calme et repos dans mon sein? J'ai beaucoup pleuré; cela a fait du bien à ma pauvre tête; je viens à vous plus résignée. Dites-moi souvent que vous avez besoin de ma force, de mon innocence, du jour de la réparation; vous tous qui vous dévouez à ma douleur, prenez ma vie. Seule je faiblis sous ma croix; mon isolement me glace, mon inutilité me tue.

Hélas ! appellerai-je l'avenir au secours des douleurs de mon présent ! Il ne me reste que la pitié des uns, le doute des autres. La calomnie a flétri ma vie ; elle a jeté à l'avidité des curieux les faits les plus intimes, les pensées les plus secrètes de mon cœur. Plaignez-moi, et pardonnez ces maux amers que je ne sais vous cacher. Votre rôle est encore noble et beau. Si vous ne pouvez m'apprendre le bonheur que je n'ai jamais su, ne vous devrai-je pas l'honneur, qui est plus que la vie ?

Je vous dirai demain de plus longs détails. En vous écrivant je pense tout haut, ce qui n'est pas toujours prudent. Vos démarches sont si parfaitement celles que nous pouvons désirer que je crois que vous avez laissé quelque chose de vous parmi nous, et qu'en revanche il nous manque quelque chose de nous-mêmes ; il semble que vos actions vaillent trois pensées. Chaque jour, au réveil, je vous bénis, et, dussiez-vous me gronder, malgré vous, malgré moi, il se glisse toujours de la reconnaissance dans mon cœur, quand je vois la partie active et dévouée que vous me sacrifiez de votre vie. Allons, monsieur, acceptez sans orgueil le merci d'une pauvre femme, et lorsque je consens à tout vous devoir, consentez humblement à ma gratitude. »

---

24 avril.

. . . .

« Mes pensées vous suivent et vous bénissent. Que je sens le prix de votre amitié ! que j'ai besoin d'y compter ! Elle endort quelques-unes de mes souffrances. Je ne comprends pas les sentiments de convenance humaine qui font renfermer des sentiments nobles et louables par la fausse honte de les voir peut-être mal interprétés. Vous m'avez généreusement tendu la main pour m'aider à porter ma croix; j'ai accepté, mais loin de moi toute idée d'égoïsme! Je ne veux pas que toutes les déceptions de ma vie pèsent et déteignent sur la vôtre, qui s'ouvre à peine. J'aurai un sourire pour vos joies comme vous avez une larme pour mes larmes, et je ne veux être dans votre avenir que comme le souvenir d'une bonne et noble action.

J'ai passé ma soirée avec M. R***. Nous avons causé Saint-Simon, sa doctrine, ses disciples. Il m'a dit son irrésolution, sa paresse, sa mobilité de sentiments et d'impressions. J'ai écouté sa confession; je n'ai pas essayé de le ramener au culte de nos *vrais dieux*, mais je lui ai exprimé *ma compassion*. On pleure la jambe d'un ami, pourquoi ne pas pleurer son âme? On peut vivre en boitant; on ne saurait exister sans enthousiasme, sans la foi et l'espérance.

Mon oncle R*** est à Uzerches... Ne m'aime-t-il plus? Cette idée me fait mal. Je l'attends avec impatience, mais j'aurai perdu le premier sentiment si doux de confiance et d'abandon qui aurait accueilli son arrivée sans ce retard.

Adieu, monsieur; je suis fatiguée d'une journée de petites récriminations *aimables* et piquantes. C'est une pauvre chose que la tête agissant sans le cœur; cela glace et brise. »

M. Lachaud, comme il s'y attendait, ne fut

pas plus heureux que M. Bac; Mme de Léautaud fut sourde à ses prières, et il dut annoncer à sa cliente la résistance énergique qu'il avait trouvée.

La vie de Mme Lafarge reprit, après ce cruel incident, sa marche calme et laborieuse. Clémentine et quelques amis veillaient sur elle. Elle écrivait de nombreuses lettres à sa famille, à ses avocats, et se préparait, en soignant sa santé, aux luttes ardentes qui devaient bientôt commencer.

On lui avait accordé la liberté de se promener dans une longue galerie qui régnait au-dessus de la prison, mais la curiosité déjà excitée de la population de Brive réunissait chaque jour au pied des murailles un nombre prodigieux de promeneurs qui de là pouvaient distinguer Mme Lafarge. L'administration, pour éviter ce concours indiscret et gênant, supprima les quelques heures de distraction qu'elle laissait à la prisonnière. Cette privation lui fut douloureuse; voici comment elle s'en plaint dans une lettre adressée à M. Lachaud, revenu à Tulle depuis peu de jours:

7 mai 1840.

« Combien je suis faible! Tenez, je pleure; mon cœur se gonfle et s'indigne. Donnez-moi votre main, car il me semble que tout m'abandonne; parlez à ma raison, car je ne la trouve plus! Ce n'est rien pourtant, ne vous inquiétez pas; mais, vous le savez, quand la coupe d'amertume a été comblée, une goutte suffit pour la vider jusqu'à la lie.

Vous avez partagé mes promenades; eh bien, le sous-préfet est venu prohiber ce petit coin du ciel qui m'envoyait son soleil, cette lointaine verdure qui souriait entre mes barreaux, cette route dont les tourbillons de poussière m'avaient aussi à moi amené quelques amis! Plus encore: on veut que je sois sous clef. Clémentine devra crier par la fenêtre pour se faire ouvrir; j'étoufferai dans ma chambre sans avoir le droit d'établir un pauvre mesquin courant d'air. N'est-ce pas? c'est injuste! Il ne faut pas pleurer, mais on peut s'indigner. Ici, tous les prisonniers à la pistole sont libres comme je l'étais. Pourquoi cette différence?

Écrivez-moi, je vous en prie; je suis triste à mourir; je n'ai personne ici; il faudra des heures pour que ma souffrance éveille un écho. Écrivez, pleurez avec moi... Non, non, Dieu me garde de faire briller jamais une larme en vos yeux! Grondez-moi plutôt, je suis faible, enfant; vous me rendrez bientôt l'honneur, la liberté, votre noble amitié me restera toujours... Je ne pleure plus, ne vous attristez pas. Adieu, monsieur, au revoir.

MARIE. »

Quelques lettres de la même époque, écrites à M. Lachaud avant et pendant un second voyage à Paris, continueront à dépeindre l'état physique et surtout l'état moral de Marie Cappelle.

14 mai. — Mercredi matin.

« Que Dieu vous garde des noires pensées qu'éveille en moi la triste harmonie de mes gouttières ! elles semblent pleurer leur printemps. J'ai grand' peine à ne pas me joindre au regret que m'expriment leurs larmes sonores et cadencées. Je ne savais pas sourire aux chauds rayons de notre soleil de mai ; je suis attristée par son absence ! N'est-ce pas parce que je suis inhabile à la joie ? parce qu'une seule corde est restée dans mon âme pour chanter ses souffrances ?

Je ne me plains pas ; si la douleur a brisé mon cœur contre les événements de la vie, je lui dois mes amis. Par elle je suis aimée, et mieux vaut cent fois une amère pensée que l'on partage qu'un bonheur qu'il faut porter seul ! »

Mercredi, minuit.

« J'étais si triste ce matin que je vous ai quitté pour essayer de vous revenir un peu plus aimable ce soir. Je ne sais si j'y réussirai ; tenez-moi compte au moins de la volonté.

J'ai reçu une lettre de M. X***, remplie des plus nobles et chaudes expressions. Je vous l'envoie. Dites-moi si vous la trouvez bien, si vous y voyez cette vérité que j'y espère.

. . . .

Adieu, monsieur; consolez la souffrance qui se confie en vous. Mais je veux rester la plus malheureuse pour garder une bonne place dans vos préoccupations. »

Juin.

« Je ne suis pas très-forte ce matin, mais je veux vous envoyer les pensées qui ont été vous chercher toute cette journée, vous dire qu'il fait triste sans vous. Quand j'ai reçu votre lettre, M. Ségeral était près de moi; lorsqu'avec sa permission j'eus fini de la lire, il me prit la main et me dit avec une émotion que je ne pourrais vous rendre : « Ne me dites pas d'où vient cette lettre, mais laissez-moi jouir de toute mon âme de l'espérance qu'elle a mise dans vos yeux. » Ma main répondit avec une intime émotion à la pression de la sienne, et nous sommes restés un quart d'heure sans nous parler, non sans nous comprendre. Quel excellent homme! Il revint trois fois dans la journée, me fit la lecture de quelques lettres de Voltaire qu'il aime avec prédilection; me raisonnant, me consolant, se faisant affectueux et paternel, bien plus que médecin.

Je m'inquiète des démarches pénibles que vous allez faire ; ne vous laissez pas abattre par le mauvais vouloir de quelques-uns, l'insouciance de quelques autres. Et puis je méprise ce monde; Dieu me recevra là-haut avec bonté. Je lisais hier une pensée qui m'a semblé écrite pour moi; vous en jugerez : « Il est des instants de faiblesse où je me décourage, où je m'apitoie sur mon sort comme une pauvre femme que je suis. Mais, le plus souvent, ne pouvant briser mes ennemis, je me fais forte en m'appuyant sur la mort. Eh bien, cela posé, mon honneur est en sûreté. Ma vie seule tient à un fil, à une prévention, à rien peut-être! Qu'y faire? quand je me désolerais, effacerais-je le passé? Nous ne pouvons arracher une seule page de notre vie, mais nous pouvons jeter le livre au feu. Il est des jours où la perte de toutes mes espérances me semble tellement inévitable que je me considère comme morte. Que la volonté de Dieu soit faite!... »

Adieu. MARIE. »

Juin.

« Ah! que mes grilles sont noires, humiliantes! Que ma prison est triste! que mes fleurs sont fanées quand vous êtes loin de nous! Tout ce jour je fus faible, découragée. Je dis bien pieusement ma messe pour un cher absent, et cela sans en tirer beaucoup de résignation. Je vous vois à Paris, près de ceux que j'aime, et qui sans doute ne m'aiment plus; j'entends des paroles froides pour répondre à votre noble participation; je trouve de l'insouciance, de l'égoïsme. Ah! faudrait-il ne plus compter un cœur qui soit dans le présent ce que je le rêvais dans le passé!

Cher et noble ami, lorsque tout m'abandonne, je m'appuie sur vous et ne sais plus pleurer. Notre amitié est bien sainte et bien pure; le monde, que je méprise, n'y mettra pas son sceau, mais Dieu la bénira.

. . . .

Combien je m'inquiète du résultat de vos démarches! Oh! si ma vie vous est précieuse, croyez que je saurai la disputer; mais aussi je ne marchanderai pas avec elle un instant si mon honneur ne sort pas sain et sauf de tous ces risques. Je ne suis pas assez pieuse pour accepter jamais une vie souillée, par esprit de mortification pour des fautes dont je n'eus jamais la pensée; pas assez orthodoxe pour croire la mort un crime quand on ne saurait accepter la honte... Mais je vous fais mal... Allons! Dieu viendra à mon aide. C'est folie et impiété de douter de lui dans le danger. Sommes-nous donc des athées pour nous décourager ainsi?

Adieu. »

Juin.

. . . .

« Ce bon M. Ségeral a passé toute la journée près de moi; je lui ai fait admirer et *comprendre* quelques passages de l'Évangile, et j'ai, moi aussi, admiré, sinon compris, quelques extraits de Broussais et du *Contrat social*. Il avait été à Uzerches avec M. F***, qui lui a dit les plus affectueuses choses sur moi et pour moi, mais qui, en ajoutant qu'il *m'aimerait quand même*, m'a indignée et ôté ma reconnaissance première. Je ne puis chasser l'espèce d'indignation qui soulève mon sang à l'idée d'un soupçon... Oh! je suis trop orgueilleuse; ma vie sera un combat éternel, mais qu'y faire? Je vivrais cent ans que je ne pourrais consentir à m'avouer coupable des lâchetés dont le monde accuse ses enfants. Je sens mon cœur qui se révolte à la seule idée des turpitudes qu'il trouve présumables; et quand celui qui refuse de me croire pure me tend la main en disant:

« N'importe, qu'il en soit ce qu'il voudra, tout à vous ! » il me prend envie de mettre entre nous une franche haine, préférable à cette indigne et salissante amitié.

Oh ! j'ai besoin de penser à vous, car vous, vous me comprenez et compatissez aux souffrances de mon cœur.

M. X*** m'a envoyé ce matin, au départ, une ample provision de poésies et de regrets. M. F*** est à la campagne. Mon vieil ami seul a fait un peu couler mes larmes. J'aurai quelque chose de vous demain. Je voudrais ôter douze heures à ma vie, être de douze heures plus près de mon supplice, mais de douze heures plus près de votre retour. Croyez-en mon entière affection, mon bon, mon noble ami. Je suis déjà une assez vieille femme ; mon esprit a bien vieilli en six mois. Il doute, il est orgueilleux, quelquefois trop jaloux de ses douleurs pour les confier ; mais mon cœur est bien jeune, bien dévoué, bien à vous.

MARIE. »

IV

Depuis trois mois Mme Lafarge était emprisonnée, depuis trois mois elle luttait contre les accusations les plus terribles, et chaque jour, loin de lui apporter un adoucissement, joignait une douleur à toutes ses douleurs. Après l'empoisonnement, le vol des diamants, et après le vol des diamants, toutes les turpitudes qui, au nom de la famille de Léautaud, lui étaient reprochées.

Comme prélude au combat qui se préparait entre ces deux jeunes femmes, que de passions, que de colères éclataient déjà de toutes parts ! La famille de Mme de Léautaud venait joindre à sa plainte, sous forme de renseignement moral, nous ne savons combien de misérables soustractions attribuées à Marie Cappelle. A chaque minute de sa vie on la déclarait voleuse; et comme si tous les méchants instincts s'étaient réunis dans l'esprit de cette femme, on la peignait insensible à la famille, insensible à l'amitié, ne respectant pas plus les secrétaires de sa tante que les cartons de la pauvre marchande qui se confiait à elle.

Mme de Montbreton, sœur de Mme de Léautaud, s'était faite le champion de cette croisade accusatrice; la première elle flétrit de sa déposition les courtes années de cette jeune fille dont elle avait été si passionnément aimée, de cette jeune fille qu'elle aussi avait aimée, estimée, protégée.... Imprudente femme ! qui ne comprenait pas que le déshonneur dont elle souillait Marie Cappelle, en rejaillissant si loin, venait l'atteindre elle-même !

Lorsque Mme Lafarge apprit, par l'interrogatoire qu'elle dut subir, tous les humiliants soupçons dont on la poursuivait, son désespoir la livra sans raison et sans force aux angoisses de sa cruelle position. Il y avait dans ces attaques multipliées une insaisissable calomnie qu'on ne pouvait atteindre, qu'on ne pouvait renverser. Les faits allégués, en devenant si nombreux, si vagues, échappaient à tous les efforts de la défense. On ne précisait pas, et il fallait justifier!... C'était comme un poignard acéré qu'une main habile tournait sans relâche et qui rouvrait toujours la même blessure. Etonnement, indignation, tels furent les effets de cette nouvelle agonie pour Marie Cappelle; mais laissons-la parler.

Juin 1840.

« Pardonnez-moi de venir jeter une nouvelle inquiétude dans vos fêtes. Je souffre, je suis seule; appuyez ma faiblesse par votre courage.

Hier, après votre départ, je restai bien longtemps à regarder le ciel, une radieuse petite étoile qui me souriait. Je rêvai... trop longtemps; car, habituée à mon air renfermé, je fus saisie par la fraîcheur de la nuit et prise de douleurs assez violentes dans toute la tête. Je ne pus fermer l'œil. Ce matin, cela augmentant, je fus obligée d'envoyer chercher mon bon M. Ségeral. En arrivant il trouva de la fièvre, une excitation extraordinaire, et cet excellent ami prit ma pauvre tête entre ses mains, et parvint avec de douces et affectueuses paroles à m'endormir entièrement. Il partit, me recommandant par-dessus tout le silence et le repos autour de moi. Mais le juge d'instruction vint au bout de quelques minutes : on lui dit mes souffrances ; il voulut remettre au lendemain : le substitut s'y opposa. On me réveilla ; on ne me laissa pas le temps de me lever, et au milieu de douleurs affreuses il fallut subir un interrogatoire conçu ainsi :

« Avez-vous pris une tabatière chez M. Garat ? — des boutons de turquoise ? — de l'argent ? — un billet de banque ? » On se mit à fouiller tous mes tiroirs, et le substitut, avec son impertinence ordinaire, présida à cet inventaire.

Mon Dieu ! que j'ai souffert ! Ces questions odieuses, ces impertinences ! oh ! c'est l'abîme qui me rejette de cette vie ! Oubliez-moi ; épargnez-moi l'horrible agonie de vous sentir rougir pour moi... Si vous ne le pouvez... eh bien, n'ai-je pas Dieu et la belle patrie que j'ai achetée par tant de douleurs ! Laissez-moi mourir !

Dites-moi, quelles nouvelles épreuves faut-il présumer de cet ignoble interrogatoire ? Que faut-il faire, que faut-il penser ? Répondez-moi froidement : qu'ai-je à craindre encore ?

Oh ! par pitié, dites-moi que j'ai assez souffert, que je puis aller trouver le repos de la tombe !... Déjà vous m'avez fait du bien ; je pleure en venant à vous ; mes larmes empêchent mon cœur de se briser d'indignation et de découragement. »

Nous voudrions faire comprendre les émotions diverses qui ont agité, durant une aussi longue détention, l'esprit et le cœur de cette pauvre femme ; mais comment saisir toutes ces impressions fugitives qui se succédaient sans cesse ? comment rendre ces nuances presque insensibles qui séparaient la désolation de l'espérance, le calme de la fièvre, la haine du pardon? Nous sommes si faibles et si forts à la fois ! Notre nature se réveille souvent grande, exaltée, sublime ; elle retombe souvent aussi, sans énergie, impuissante.... Eh ! qui mieux que Mme Lafarge, dans l'isolement de sa prison, dans la lenteur des heures, a dû subir toutes les phases de cette double nature !

Il est impossible de rendre par des couleurs bien nettes, bien tranchées, le caractère de cette femme ; nul n'éprouve plus violemment qu'elle la souffrance, mais personne aussi ne la domine et ne la maîtrise plus entièrement. Tantôt elle s'abandonne, faible créature, à toute l'horreur de sa destinée, elle pleure sur elle, elle n'a plus qu'une de ces résistances passives qui se laissent briser par la tourmente et le malheur ;

puis tout à coup sa conscience s'éveille, indomptable, dominant la calomnie et le monde, éprouvant un sublime détachement de la vie. Dans ces heures de force et de grandeur, elle méprise sa destinée et regarde le ciel pour ne plus songer à la terre... Mais aussi, après ces grands élans de foi et de volonté, elle retombe : le ciel se ferme, l'espérance fuit ; la terre avec ses persécutions, les haines avec leurs souillures, reviennent s'emparer de cette conscience, bouleverser cette pensée. Tout est noir autour d'elle; le doute apparaît implacable et désolant ; cette intelligence malade se laisse aller à toutes les déceptions, à toutes les incertitudes : Où est Dieu ? où est la justice ? où est la récompense du bon? où est le châtiment du méchant? La foudre gronde, elle épargne la tête du calomniateur ; l'orage éclate, il vient frapper la pauvre innocente.... Dieu n'a-t-il pas abandonné l'univers? et les mauvaises passions n'ont-elles pas leur règne et leur triomphe?... Mais bientôt une fervente prière, une tendre invocation, raniment quelques lueurs d'amour dans ce cœur si agité: l'épreuve est longue, mais elle est nécessaire;

l'injustice des hommes fait éclater souvent la justice de Dieu ; la Providence a des secrets impénétrables ; le bonheur descend quelquefois dans les plus noirs replis de la terre, et il s'élève bien des soleils radieux au fond d'un cachot. Le témoignage d'une bonne conscience, les amis dévoués, la réparation attendue, n'est-ce rien ?... Et alors la pauvre femme recommence à rêver ; son imagination se perd dans les douces contemplations d'une belle nature ; sous un ciel parfumé, entourée d'affection, loin du bruit et des passions des hommes, sa vie passe heureuse, sans regrets, sans remords...

Longtemps une affreuse idée fixe poursuivit Mme Lafarge : le suicide était-il donc un crime ? Et lorsque l'existence est lourde à porter, pénible pour soi, inutile aux autres, ne peut-on déposer ce fardeau et dormir dans le froid repos de la tombe ? Cette pensée torturante ressort à chaque phrase de ses lettres ; le cœur de ses amis a peine à étouffer cette coupable inspiration ; et, malgré eux, elle revient toujours se placer comme un fantôme menaçant entre la conscience et le malheur de leur pauvre amie.

Quelques lettres de Mme Lafarge, quelques pensées éparses çà et là dans ses notes rendront plus sensibles les traits que nous avons essayé de dessiner.

A M. B***.

Juin 1840.

« Mon dimanche m'a semblé vide, et je veux du moins vous écrire durant les heures que vous auriez dû passer sous mes verroux. Je n'ai pas dormi cette nuit ; j'étais mécontente de moi. Votre lettre est venue ensuite me consoler, et j'ai remercié Dieu de m'avoir laissé une parole qui vous fût douce !...

Je ne puis croire à la Providence sans croire en vous, qu'elle a mis près de ma douleur pour la résigner. Vous m'avez dit : « Je me dévoue à votre cause ; » je vous ai tendu la main et j'ai accepté. Je voulais douter de tout pour m'isoler de tout ; je crois et je me confie. Les desseins de Dieu sont infinis ; il est trop bon pour vouloir réunir ce qu'il faudrait séparer avec d'amers regrets ! Espérons, mais ne craignons pas quelques épreuves indispensables.

. . . .

Vous comprendrez que toute la journée je me sois fait donner des détails de Smyrne par M. de T***. Après la rue des Roses, après l'allée parfumée que vous savez, il est un grand bois avec des ravins, des rochers, des cascades ; c'est là que l'on va chercher la promenade et l'ombre. Pendant que les chevaux qui vous ont amené broutent les lauriers roses, on suspend ses hamacs au-dessus de la source et on se balance en causant durant les heures brûlantes de la journée. Vers la nuit quelque esclave vous dit un chant triste, doux, monotone. Nous ne voulons pas d'*esclaves;* mais si ma voix vous est douce, ô mes amis, elle essaiera de bercer vos songes... Puis il y a dans chaque maison de jolies salles de bains, toutes parfumées, toutes tièdes de vapeurs ; c'est un plaisir plus égoïste, mais cet isolement dans de l'eau et des parfums est encore bien doux ! On reçoit facilement les lettres et les livres de l'Europe ; souvent des voyageurs français viennent y passer plusieurs jours, et reportent quelques souvenirs de votre bonheur dans le cœur d'un ami qui se souvient.

Rêvez avec moi... Aimons-nous moins les brillantes petites étoiles de notre ciel parce qu'elles sont plus éloignées de nous ! »

A M. Lachaud.

Juin.

« C'est encore moi, c'est toujours moi ! Quand l'orage gronde, je viens me réfugier dans votre affection ; là seulement je sais me résigner. Le conseil de Brive s'est réuni hier, et a fixé au 9 juillet l'affaire des diamants. Ce matin, lorsqu'on m'a apporté l'acte avec ses termes crus, infamants, je pleurai bien longtemps ; il me semblait que mon cœur était assez brisé pour me laisser mourir. Ce soir je suis plus calme : j'ai prié « Notre Père, qui es aux cieux ; »

puis je me suis dit que j'appartenais à mes amis, qu'ils m'aidaient avec toute leur activité, toute leur puissance, tout leur dévouement; que je devais les soutenir avec mon cœur, avec ma santé. Je suis forte, digne de vous. Dieu veuille me garder telle jusqu'au bout de l'épreuve!

. . . .

J'ai beaucoup pensé à vous toute cette journée d'assises. Je suis sûre que ce banc des accusés où vous me verrez éveille bien tristement en vous mon souvenir. Hélas! si j'étais encore une jeune femme, libre, estimée, aimée! que j'aurais de joie de votre affection! Je serais fière de vos succès, digne de les partager... Irréparable!... irréparable!... je sens mon front qui brûle sous un signe de réprobation.

Je cesse de vous écrire; je vais ouvrir mon *Imitation*, et vous dire les phrases que Dieu m'y envoie:

« JÉSUS-CHRIST : Mon fils, parle ainsi toujours : Seigneur,
« vous voyez le désir de mon cœur; que cela se fasse si c'est
« votre volonté; que cela se fasse en votre nom! Donnez-
« moi ce que vous voulez, autant que vous le voulez, et
« quand vous le voulez. Je suis dans votre main : tournez-
« moi et retournez-moi de toutes manières. Voilà votre
« serviteur prêt à tout. »

Adieu!

───────

Au même.

Juin.

« Vous avez été mécontent de votre faible amie; écoutez, et puis pardonnez. Près de moi vous pouvez m'en vouloir quelques minutes ; éloigné, quand mon regard ne peut aller vous demander merci, je ne puis vous le permettre. Avant jeudi ne soyez pas trop sévère.

. . . .

Quelle infâme comédie! Vite, que je pense à vous pour rendre mon esprit un peu plus évangélique envers mon prochain!

Vous êtes fatigué, n'est-ce pas? vous allez passer votre nuit pour un vilain homme bien coupable. Courage! Dieu vous tiendra compte des devoirs que vous accomplissez, et si je viens vous distraire doucement de votre corvée, si je vous donne une minute plus heureuse, cette espérance me fera oublier juges et verroux, et je vous devrai ainsi quelques moments d'oubli. »

Au même, à Paris.

Juin.

« .... Ce soir vous êtes arrivé fatigué, peut-être déjà découragé! Pauvre ami, croyez que mes pensées sont bien loin d'ici, que je vis bien en vous depuis quelques jours. Je voudrais vous dire les mots qui consolent, je n'en sais plus; les heures me sont éternelles, et ce 9 juillet vient si vite! Mon âme est pleine de pressentiments!.... Ce soir j'étais assise, appuyant mon front contre les grilles de ma fenêtre; le ciel était voilé, le vent gémissait; j'ai entendu distinctement, au milieu de ces sons d'une triste harmonie, le son de votre voix. Elle a jeté trois ou quatre notes dans l'espace, faibles, mais si pures, si saisissables, que je me suis retournée pour m'assurer que vous n'y étiez pas. J'ai peur... ces choses-là m'ont rarement trompée... Il faut qu'il y ait un orage sur nos têtes.

. . . .

Hélas ! je ne puis venir près de votre amitié sans que l'avenir, le présent, les affaires ne m'en arrachent cruellement. Oh ! gardez-la-moi bien saintement, cette pure affection qui seule sait me consoler. Si ma vie est un combat, une révolte continuelle de l'espérance contre l'impossible, j'accepte !... et je ne donnerais pas toutes mes angoisses pour les joies intimes que mes amis ont révélées à mon cœur. Il y a six mois, je me croyais glacée; je pleurais les froides déceptions qui avaient fait mourir mon âme ; et quand je la croyais morte, elle ne s'était pas encore éveillée. J'avais senti le besoin de partager ma vie, et je l'avais confiée sans discernement. J'avais pris pour une pensée durable ce qui n'était qu'un caprice sentimental de jeune fille ! Avec *lui* je souffrais sans cesse, j'étais mécontente de tous ; nous ne nous comprenions pas, ou nous nous comprenions trop... (1). »

Au même.

26 juin.

« Pardon ! je souffrais bien en vous écrivant hier cette méchante lettre, qui vous aura fait mal ; pardon !...

Lorsque je suis injuste, mon ami, pleurez sur moi !

(1) Voir le premier volume des Mémoires, aux derniers chapitres.

Mon cœur a eu dans le passé, dans le présent, de si cruels déchirements, qu'un mot réveille ses douleurs. Songez qu'on m'a fait vieille à force de souffrance, qu'on a flétri ma vie active, fané sous le souffle de la calomnie ma vie de pensée; que je n'ai que mon âme, que je cache, que j'embellis, que je purifie pour ceux que j'aime; et que vous, mon ami, vous en avez douté... Pourquoi vous plaindre de votre impuissance? Dites-moi qui sait mieux que vous se dévouer à la pauvre calomniée! Oh! que vous êtes grand et pur, mon ami! que vous êtes différent des autres hommes, et combien peu d'entre eux sont capables de vous comprendre! Ne me dites plus votre *faiblesse* ou je vous accable sous ma *reconnaissance*.

Jamais je n'ai été mieux comprise, mieux devinée que par vous. Jamais une sainte affection ne m'a donné autant de calme et de force que la vôtre.

Pour alimenter l'amour, il faut, je crois, des différences de goûts, d'opinions, de petites souffrances, des pardons, des larmes, tout ce qui peut exciter la sensibilité et réveiller la sollicitude journalière; l'amitié est plus heureuse, plus également paisible. C'est un refuge contre tous les maux de la vie, c'est une consolation contre toutes les douleurs. Oh! vous êtes bien mon ami, et Dieu m'abandonnerait si je l'invoquais un jour sans vous. »

Au même.

28 juin.

« Je suis triste, car vous ne m'avez pas écrit aujourd'hui, car je m'inquiète et me fais mille souffrances en votre honneur. C'est peut-être ridicule, c'est peut-être exigeant, mais que voulez-vous? je ne sais pas être votre amie à demi.

. . . .

J'ai eu une bonne journée... On avait amené pour douze heures une pauvre Espagnole, mère de la plus délicieuse petite créature de deux ou trois ans. Je me fis apporter cette pauvre enfant; je la mis au bain, puis l'installai sur mon lit où je la fis jouer tout le jour. Le soir, quand il fallut nous séparer, ce furent des cris perçants; elle se cramponnait autour de mon cou avec ses petits bras. Je ne pus me décider à la rendre. Elle s'est endormie en jouant avec mes cheveux, et à dix heures on viendra me l'enlever, car elle part avec le jour... Qu'elle est belle! Je voudrais que vous la vissiez là, près de moi. Il semble que c'est un ange que Dieu m'envoie pour me faire oublier mes torturantes pensées d'hier.... Vous ne savez pas, mon ami: un moment j'ai voulu demander de la garder toujours; mais, hélas! on me l'aurait sans doute refusée.

Je me porte mieux, et, quoique trop faible pour me lever, j'ai été assez forte pour bien jouir du bel enfant que la Providence m'envoyait pour un jour.

Adieu, mon ami; vous traduisez votre dévouement en de bien bonnes et sages démarches. Mon affection à moi est muette, cachée au fond de mon âme; mais elle est bien intime.

Adieu; devinez-moi toujours, et ne doutez jamais.

           MARIE. »

Au même.

29 juin.

« Que je suis heureuse, mon ami, d'avoir trouvé les mots que vous aimez, ceux qui s'harmonisent avec votre cœur! Oh! ce que je sens est bien nouveau pour moi; c'est une affection sans écho dans le passé, c'est une douce et sainte chose, c'est le radieux arc-en-ciel après les jours d'orage. Quand vos lettres m'arrivent je les lis bien vite d'abord; puis je ferme les yeux, j'appuie mon front dans ma main, et je cause avec vous quelques bonnes minutes; je vous remercie de vos paroles si affectueuses, je vous bénis de votre croyance si dévouée; je vous dis mon âme, mes craintes, mes fragiles espérances, mes froides appréhensions. Je commence ma journée avec vous; après ma prière mes pensées vont vous suivre.

Vous vous donnez bien de la peine; hélas! réussirons-nous au moins à éloigner ce fatal 9? Je vous avoue que je suis bien découragée: cette Cour d'assises, ces curieux, ces juges, ces infâmes accusations, toutes ces taches qui souilleront près de vous votre pauvre amie, me semblent trop lourdes, et je fléchis à leur seule pensée... Oh! pensez-y bien froidement: je vais souffrir le martyre, je vais rougir devant ceux que j'aime. Si je suis acquittée, que Dieu en soit loué! mais si les iniques me condamnent, je ne vivrai pas; alors je me sentirai trop humiliée pour vous dire adieu au départ. Si vous le permettiez, au contraire, je vois une belle heure et l'éternité; ce serait le soir, mes chères fleurs nous donneraient leurs parfums; il y aurait du silence sur la terre et des étoiles au ciel. Après avoir prié Dieu, après avoir demandé du bonheur pour vous tous, mes nobles amis, je vous redirais les plus intimes paroles de ce monde; mes mains se glaceraient sans quitter les vôtres, mon cœur cesserait de battre sans cesser de vous aimer...

Quand la course est trop rude, ne peut-on se reposer? C'est faiblesse sans doute, ce n'est pas un crime. Si la vie d'un homme est nuisible à quelques-uns, à charge à lui-même, inutile à tous, le suicide est un acte légitime et qu'il peut accomplir, sinon sans regret d'avoir manqué sa vie, du moins sans remords d'y mettre un terme. Pour quiconque veut n'être pas déplacé dans la société, il faut avoir l'amour de l'existence et la volonté d'être heureux en dépit de tout. Avouez que je suis loin de cette philosophie, et qu'il est beau de mourir sans être souillé d'une seule pensée que Dieu ait dû haïr ou châtier.

Cher exilé, dites, vous fais-je mal en me disant ainsi toute à vous? Si vous l'ordonnez, eh bien, j'aurai du courage, je vous aimerai tristement et patiemment. Peut-être mes ennemis deviendront-ils justes en me voyant résignée; peut-être deviendront-ils généreux en me voyant souffrir. Tendez-moi la main, et que je m'appuie sur elle dans cette vallée de larmes.

Adieu, mon ami; je suis triste comme le temps aujourd'hui, et je me sens une sorte d'effroi inexplicable. Je crains de vous porter malheur, et que vous ne vous perdiez en voulant me sauver. Les douleurs qui vous atteindraient me trouveraient sans force... que Dieu vous en garde! »

A M. *de* C***.

30 juin.

« M. X*** m'envoie la lettre qu'il vous écrit, me demandant de l'appuyer de mon influence. Faites aujourd'hui, ainsi que toujours, ce que vous trouverez convenable ; je vous attends impatiemment. Je m'épouvante et je souffre cruellement de l'infamie qui sous vos yeux couvrira la pauvre Marie.

J'ai passé une triste journée, enfoncée dans l'odieuse lecture de l'instruction, m'indignant, me trouvant bien malheureuse, quoique bien au-dessus de ces viles calomnies... L'impression que j'en ai reçue est très-défavorable ; j'y vois une trame bien savante, ourdie par je ne sais qui ; mais ensuite les rôles ont été distribués à chacun et appris pour ainsi dire par cœur. Mme de L*** me confond ; je voulais d'abord, d'après l'avis de M. X***, souligner chaque mensonge et mettre à côté la réplique ; mais tout cela s'enchaîne si parfaitement, les calomnies sont si également répandues et insaisissables, que fatiguée, découragée, je me suis mise à prier Dieu qui sonde les cœurs et fortifie les faibles.

Loin de moi la pensée de mes ennemis, bien près celle de mes amis ! Je me repose en eux, en vous surtout. Si vous me voyez trop abîmée d'angoisses, ne me tendrez-vous pas la main ? Oh ! je ne pleure que les jours perdus, car il me semble qu'il en reste peu, et je voudrais au moins vous les donner tous, ô mes amis !

Votre lettre de ce matin m'a fait pleurer comme une Madeleine, et ce pauvre M. Ségeral a dû essuyer toutes les larmes qu'il attribuait à cet odieux 9 ; je ne me plains pas, c'est ma faute.

Adieu. »

Pensées.

« Pourquoi, après les jours de force, vient-il pour mon âme des jours de larmes et de désespoir ? Pourquoi ma conscience toujours pure ne m'est-elle pas toujours un refuge contre les méchants et leurs calomnies? Pourquoi le doute après la foi, la haine auprès du pardon? Pourquoi, mon Dieu, ne puis-je pas sans cesse vous invoquer, vous prier, vous aimer?... Faible créature! moins que le rayon de soleil qui pénètre le calice des fleurs, moins que la brise d'été qui courbe le roseau, moins qu'une parole, une seule pensée vient souvent courber ton courage, bouleverser ton intelligence, torturer ton cœur... Parfois une nuit d'insomnie, une nuit pendant laquelle mon bon ange a oublié de me bercer d'espérance et d'oubli, une nuit m'enlève le trésor de force et de résignation que j'avais amassé avec toutes les puissances de ma volonté, avec toutes les paroles sages et affectueuses de mes amis. — Ils m'avaient quittée dans la paix de ma conscience, ils me retrouvent avec des larmes; ils s'effraient, ils m'interrogent, ils accusent les événements extérieurs de ce triste découragement, et moi je ne sais qu'abandonner ma main dans leurs mains, les regarder tristement, pleurer alors que je voudrais leur sourire!... J'ai essayé de lutter contre cet état de révolte et de faiblesse;

j'ai voulu aller bravement à la conquête de moi-même, mais j'ai toujours été si cruellement vaincue, le combat ajoutait tant d'irritation à ma douleur première, que je renonce à la lutte en désespérant de la victoire. Quand ma tête est brûlante, quand mon cœur est glacé, quand la douleur physique et la douleur morale se disputent leur victime, je me courbe sous ce flot d'amertume, je souffre sans raisonner mes souffrances, et j'attends que la volonté du Très-Haut me ramène des jours de résignation, de croyance et d'amour.

La vie réelle de l'homme est en lui-même ; les événements en sont le cadre. L'ignorant peut entourer d'or l'enseigne aux couleurs tranchées, reléguer dans un grenier la Vierge de Raphaël.

J'aime cette pâleur du soleil, cet air froid, ce jour terne ; cette tristesse du ciel s'harmonise avec celle de la terre ; elle semble rendre plus facile la pente qui mène à la tombe. Je n'aime plus à voir un beau jour ; il y a pour moi dans son sourire une affreuse ironie, une insulte aux larmes. Oh! mieux vaut, je le sens, en lui disant adieu, voir à la nature un vêtement de deuil qu'une toilette de fête ; il semble qu'on perd moins quand on la quitte ainsi. Oh! de la neige, de la glace pour mon dernier regard ; mais pas de fleurs, mon Dieu! pas de fleurs!

La douleur qui ploie ma vie sous son fardeau reporte à mon esprit tout ce qu'elle ôte de force à mon corps. L'or de l'âme s'épure au creuset de la souffrance. La douleur produit souvent aux yeux de la pensée un effet tout opposé à celui de la perspective ordinaire : le lointain la grandit; elle diminue comme l'espace entre elle et l'objet qu'elle attire à soi.

« L'homme voit le visage, Dieu voit le cœur.

Je parlerai à mon Seigneur, quoique je ne sois que cendre et poussière. »

(Genèse).

Je ne puis croire à une mort complète. Je sens qu'il y a en moi quelque chose qui ne peut s'anéantir. La mort ne souffle pas sur l'âme, elle ne s'éteint pas comme l'on fait d'une lampe : elle n'a droit qu'à ce qui appartient à la terre, et l'âme vient du ciel. Elle en vient, elle y retourne. Le corps est un voile qui la recouvre, comme un nuage couvre le soleil : le voile tombe, le nuage passe, le soleil et l'âme brillent encore tous deux d'une clarté plus pure.

Quoi! depuis si longtemps qu'on existe et qu'on meurt, on ne sait pas encore ce que c'est que vivre et mourir.... D'où vient-on, où va-t-on ?... Qui le sait? qui le dira?... Quoi! l'homme tomberait tout entier dans le gouffre muet du néant! Oh! c'est insulter à la puissance divine! Que le crime, épouvanté d'une seconde existence, châtiment de la première, se berce de cette chimère impie ; sombre et trompeuse image, qu'il te fasse son fantôme consolateur ; je puis le concevoir ; assieds-toi à son chevet, mais n'approche pas de celui du juste mourant dans sa vertu et dans sa foi ; ne le fais pas chanceler dans sa céleste croyance, dans son espoir d'une autre vie ! Il a souffert dans cette vallée de larmes ; et, confiant dans les promesses du Créateur, il ne voit dans l'instant suprême que l'heure venue du rappel aux cieux, que l'affranchissement de l'âme esclave, sortie du temps pour entrer dans l'éternité.

V

L'accusation avait fixé au 9 juillet l'affaire correctionnelle. Mme Lafarge voyait s'approcher avec espérance cette première lueur de sa réhabilitation ; mais sa défense comprenait tous les dangers de la marche qu'on allait suivre. Ce jugement de l'affaire correctionnelle avant l'affaire criminelle paraissait inexplicable ; la raison qu'on en donnait était inadmissible. De toutes parts on disait que le procureur général voulait perdre et flétrir l'accusée avant sa comparution devant la Cour d'assises, et que l'affaire correctionnelle n'était qu'une préface pour lui aliéner le bienveillant intérêt du jury. C'était impossible; un magistrat ne consentirait jamais à une aussi cruelle combinaison. Où était donc le motif? Vainement les défenseurs de Marie Cappelle réunirent-ils tous leurs efforts pour faire changer cette marche désastreuse de la procédure; la volonté du parquet de Limoges résista. D'officieux et puissants conseils lui furent donnés : sa volonté résista encore ; et le 9 juillet devint le jour irrévocablement fixé pour ce premier débat.

Il fallut alors prendre un parti définitif. Devait-on se défendre ? devait-on se retirer d'une lutte qui n'était pas légalement acceptable? Mme Lafarge demandait impérieusement une discussion complète, immédiate ; peu lui importaient la loi et la persécution. Fuir à l'appel de l'accusation, c'était douter de son innocence; la pureté de sa conscience l'emporterait sur toutes les préventions. Mme de Léautaud était libre ; elle, était esclave. Mme de Léautaud se présentait escortée d'une influente et nombreuse famille ; Marie Cappelle gémissait sous le poids d'une effroyable accusation. Qu'importait encore?... Est-ce que le cri de la vérité ne peut triompher de la calomnie? est-ce qu'il n'y a pas dans le regard de l'innocence une puissance qui fascine et confond ses accusateurs?...

Aussi que d'efforts il fallut aux avocats de Mme Lafarge pour la décider à éloigner le débat! Elle pleura, elle soutint avec une énergie désespérée sa conviction. Ses défenseurs lui déclarèrent qu'ils étaient unanimement d'avis de ne pas se présenter, qu'il ne leur appartenait pas d'accepter sans mot dire l'illégalité de la prévention; que la défense la plus puissante d'un accusé, tout innocent qu'il fût, était dans la loi, et qu'il était imprudent de ne pas s'y attacher. La défense n'était pas possible le 9 ; on ne devait pas s'avancer inconsidérément ; la retraite était un devoir : l'opinion publique le comprendrait.

Mme Lafarge ne fut pas convaincue, mais elle se soumit.

La triste solennité du 9 juillet avait attiré à Brive un concours extraordinaire d'étrangers avides d'émotions. Chacun accourait pour assister à cette déplorable joûte où l'honneur de deux femmes allait se briser l'un contre l'autre, où deux familles allaient peut-être verser des larmes de sang et de honte. Jamais toilettes plus recherchées, sourires plus gracieux, coquetteries plus agaçantes ne s'étaient donné rendez-vous dans le prétoire de la petite ville de Brive; et en effet ne devaient-elles pas répondre, ces jeunes élégantes, à l'appel, aux encouragements des magistrats? N'avait-on pas orné une salle tout exprès pour la cérémonie? La fraîcheur des draperies, le bon goût des décorations n'annonçaient-elles pas les soins attentifs d'une administration galante?

Lorsque tout fut prêt, lorsque les privilégiés, dames et messieurs, se furent commodément assis, causant, mangeant, riant, et qu'on eut ouvert, de par la loi, à quelques hommes du peuple, un petit nombre de places incommodes exigées pour la publicité, on introduisit l'accusée et le spectacle commença.

Quel tableau! En face, vis-à-vis, Mme Lafarge et Mme de Léautaud! toutes deux calmes, toutes deux impassibles. Où est l'innocence? où est le mensonge? Leurs regards se cherchent et se suivent: on les observe; pas une émotion ne les trahit; dans ce jeu muet où se joue leur honneur, aucune ne succombe; il semble que depuis leur dernière entrevue un abîme de honte et de douleur ne les a pas séparées. Ce sont bien là deux ennemies froides, dignes, qui se connaissent de longtemps et qui savent attendre et calculer lentement leur victoire.

L'entrée de Mme Lafarge avait imposé silence à tout l'auditoire; les rires avaient cessé devant ces longs habits de deuil, et les plus légères devenaient sérieuses en contemplant ou tant d'hypocrisie ou tant de malheur. Mais tout à coup ce silence est troublé; l'héroïne de la pièce n'est pas assez commodément en vue; on murmure, on réclame; ceux qui ne voient pas demandent à voir, ceux qui voient se fâchent de ce qu'on interrompt leur tranquille examen. Président, huissiers, gendarmes, ont grand peine à contenir cette foule; eh! qui peut la blâmer? On l'a conviée à une représentation, elle demande qu'on tienne le programme; à qui la faute, si elle est exigeante?

Cependant les rumeurs s'apaisent, on prête l'oreille ; la discussion sera vive, on s'y attend. De part et d'autre sont assis des avocats jeunes et intelligents ; chacun est armé d'une conviction profonde et défendra sa bannière avec courage, avec acharnement.

M. Corali assiste Mme de Léautaud.

MM. Bac et Lachaud vont prêter leur parole à Mme Lafarge.

C'est bien entre eux que va se livrer le combat ; le ministère public est oublié ! Il parlera au nom de la société sans doute ; mais écoute-t-on la voix qui la représente lorsque les intérêts privés se débattent avec colère et scandale ?

La discussion commence ; MM. Bac et Lachaud s'opposent à ce que le débat correctionnel s'engage immédiatement.

« Qu'allez-vous faire? disent-ils au ministère public, et que demandez-vous? Ne voyez-vous pas qu'à votre insu sans doute vous prêtez à la loi une cruauté qu'elle ne peut admettre, et que vous abaissez son autorité à servir des passions mesquines, et non le grand intérêt de la société? Si votre poursuite est cruelle, elle est en même temps inutile. Que veut la loi? une répression profitable, en ce sens que le châtiment infligé au coupable devient une leçon pour lui et un avertissement pour ceux qui voudraient l'imiter. Si donc le châtiment ne peut être appliqué, si la sanction de la faute est impossible, ne recherchez pas une condamnation dont l'inutilité dénoterait l'injustice.

Deux peines ne peuvent concourir ensemble : voilà la loi. La plus forte absorbe la plus faible ; la plus faible est donc inutilement demandée, elle serait inutilement prononcée. Or qu'allez-vous faire ? Deux accusations, dont l'une est terrible par ses conséquences, frappent Marie Cappelle. En procédant avec logique, le délit disparaît pour faire place au crime ; si le crime est avéré, il n'y a plus à s'occuper du délit, toute la vie de l'accusé appartient à la justice. S'il triomphe de l'accusation capitale, alors le débat correctionnel s'engage, et, s'il y a condamnation, la peine est sérieusement appliquée. Mais pourquoi mutiler ainsi la vie de l'accusée, la frapper de condamnations sans savoir si ces condamnations entraîneront un effet ? Est-ce donc que la loi est passionnée, haineuse ? est-ce donc qu'elle frappe pour frapper ? Non : chaque fois qu'elle doit punir une des hontes de l'humanité, elle le fait avec douleur ; et toutes les précautions, toutes les faveurs dont elle entoure l'accusé disent assez la prudente hésitation qu'elle apporte dans ses jugements.

Posez donc ce principe puisé dans la pensée intime de la loi : pas de sévérité sans un but. Or le but nécessaire de toute poursuite, c'est la condamnation contre le coupable ; la condamnation se rattache inévitablement à l'exécution de la peine ; là où une de ces conséquences manque, là ne se trouve plus la légalité.

En fait, vous allez condamner Marie Cappelle si elle est coupable, et votre condamnation peut rester suspendue et sans application. Attendez : rien ne vous presse ; l'heure de la justice correctionnelle viendra, si la justice criminelle vous rend l'accusée qu'elles se disputent toutes les deux.

Un autre ordre de considérations se présente : considérations morales et puissantes, parce qu'elles se rattachent au droit légitime de l'accusé. En présence de deux graves poursuites, n'est-il pas naturel, nécessaire même que toutes les préoccupations de l'accusée et de sa défense se portent sur l'accusation qui entraîne les plus fatales conséquences ? Ici, dans quelques jours, Marie Cappelle aura à rendre compte de la mort de son mari ; elle devra expliquer les événements les plus inexplicables, pénétrer dans les replis profonds d'une accusation habile. Ne doit-elle pas consacrer toutes ses heures aux moyens d'éloigner de sa tête un arrêt mortel ? Laissez-la donc libre pour la grande cause qui se prépare ; aujourd'hui votre justice correctionnelle serait incomplète ; la défense de l'accusée ne serait pas entière.

Et d'ailleurs votre jugement correctionnel, quel qu'il soit, peut se rattacher à l'autre crime et devenir le contre-poids injuste qui pèsera dans la balance de l'accusation. Le vol que vous reprochez à Marie Cappelle n'est pas un vol ordinaire ; s'il est vrai, c'est la plus ignoble, la plus vile de toutes les actions ; tout l'intérêt disparaît de cette femme, tout prestige tombe, et les jurés eux-mêmes n'arrivent à l'empoisonnement qu'en traversant le portique souillé que vous leur aurez dressé. Songez-y : la loi demande qu'ils soient impartiaux, qu'ils ne sachent rien de l'accusée en venant s'asseoir dans le temple de la justice. Mme Lafarge doit comparaître devant eux libre de toute autre prévention, avec ses erreurs et ses vertus, avec sa vie tout entière, vierge encore des atteintes de la justice. Aujourd'hui sa défense est matériellement impossible. Depuis six mois l'accusation, avec tous ses moyens, recherche des témoins, recueille des preuves; la défense a eu vingt jours à peine pour trouver ses autorités. Vous êtes placés à une grande distance du lieu du délit; tous les témoignages, et ils sont nombreux, sont difficiles à réunir. On les a cherchés, le temps a manqué pour les appeler au jour de l'audience; plusieurs sont hors de France, d'autres ont quitté leur domicile; ils appartiennent pour la plupart à cette partie de la société où les déplacements deviennent fréquents et où l'été ramène toujours quelques voyages. Tous les efforts de l'accusée ont donc été infructueux. Il lui faut des témoins : attendez qu'il soit possible de vous les produire. »

M. Corali se lève à son tour; au nom de Mme de Léautaud, il s'oppose aux conclusions de la défense et veut un jugement immédiat.

« Les juges, dit-il, n'ont pas à s'occuper si leur condamnation sera exécutée; il doit leur suffire qu'elle soit juste. Que Marie Cappelle se débatte plus tard devant un autre tribunal, que les jurés soient exposés à des impressions fâcheuses, est-ce donc une raison pour laisser Mme de Léautaud sous le poids accablant des calomnies de Marie

Cappelle ? La justice ne peut sacrifier l'honneur de ma cliente à l'intérêt prétendu de Mme Lafarge. L'innocence n'a pas besoin de tant de précautions; et si la vérité est du côté de la défense, elle doit se hâter de la produire. Quant aux témoins qui sont absents, depuis longtemps Mme Lafarge a pu se les procurer; les préoccupations du procès criminel n'ont pas dû lui faire perdre la pensée du procès correctionnel; la force et l'activité augmentent avec les périls (1). »

Mais la défense revient plus pressante à la charge; attaquant la partie civile de toutes parts, elle lui demande, ainsi qu'au tribunal, une remise indispensable.

« .... Ce n'est pas à cette heure, madame de Léautaud, que nous pouvons nous expliquer avec vous. Nous avons auparavant quelque chose de plus grave à faire. Laissez-nous d'abord défendre devant le pays notre honneur et notre vie, et puis nous serons à vous, nous combattrons à armes égales. Alors n'ayez pas peur; l'heure viendra, tous les mystères seront éclaircis, tous les masques tomberont; il y aura révélation de toutes les vérités. Mais l'heure n'est pas encore venue. Attendez; quelle que soit votre impatience, la nôtre y est égale, et aussi bien que vous nous disons souvent: Qu'elle est lente à venir l'heure de la justice!

---

(1) Nous analysons les divers moyens plaidés par les avocats sans rapporter textuellement leurs paroles, mais nous nous efforçons de ne pas affaiblir leurs arguments.

.... Votre honneur, dites-vous, le patrimoine de votre famille, souffre de ces délais. Les secrets les plus intimes de votre vie ont été livrés au vent d'une perfide publicité; vos fraîches pensées de jeune fille ont été flétries par de calomnieuses interprétations; la presse a recueilli nos diffamations, et chaque jour met à côté de votre nom un nouveau scandale. Est-ce bien dans votre conscience que vous avez puisé les reproches que vous nous adressez? Croyez-vous sérieusement que nous avons révélé à la presse les secrets de notre position en face de vous? C'est nous, sans doute, n'est-ce pas, qui avons imprimé à la presse le mouvement qu'elle a reçu dans cette affaire? C'est nous qui lui avons fourni ces détails fantastiques, ces récits romanesques, ces mensonges politiques, ces rêves d'écrivains oisifs, à l'aide desquels le procès de Mme Lafarge a été soumis à l'opinion? La presse! nous avons bien à nous féliciter de l'appui qu'elle nous a prêté! Quelle est la page de la vie de Mme Lafarge qu'elle n'ait pas souillée? quel est le souvenir qu'elle n'ait pas fouillé pour l'altérer? quelle est la pensée qu'elle n'ait pas interprétée? quelle est la fibre qu'elle n'ait pas touchée pour éveiller une douleur? quelle est la calomnie qu'elle n'ait pas accueillie quand elle nous accusait? Ah! si les indiscrétions de la presse vous ont fait quelque blessure, ne nous en accusez pas; accusez-en ceux qui se sont fait une spéculation d'éveiller le scandale autour de cette affaire.

.... Mais si l'honneur de Mme de Léautaud est engagé ici, celui de Mme Lafarge ne l'est-il pas aussi? Il ne s'agit pas seulement pour elle de son honneur, il s'agit aussi de sa vie. C'est au milieu de votre famille, de vos amis, c'est en liberté que vous attendez justice; elle vit isolée, prisonnière, loin de sa famille, de ses amis; rien ne la console, elle; son cœur se ronge dans la solitude d'une prison, et le temps où ne viennent pas la saisir les terribles préoccupations de l'avenir, elle le donne aux tortures, aux agonies de sa prison solitaire. Y a-t-il quelques comparaisons entre vos douleurs et les siennes? N'établissez donc pas de comparaison entre elle et vous. Ne dites pas que vos droits à l'intérêt, à la pitié de tous, sont égaux aux siens. Vous le savez bien, la justice veillera sur vous; elle vous entendra en temps et lieu; elle accueillera vos explications; et si votre position est si pure, si votre vertu est si évidente, si la calomnie est aussi atroce que vous le dites à votre égard, votre innocence éclatera. Quelque éloquentes que soient les paroles d'un défenseur entendu contre vous, vous serez défendue par une voix bien plus éloquente, par celle de la vérité.

Si Mme Lafarge, comme nous n'en doutons pas, est acquittée, vous pourrez encore la poursuivre devant la justice civile; vos droits seront intacts.

Si elle est condamnée, qu'aurez-vous à dire? quelle sera désormais contre vous la parole d'une femme condamnée à mort? quelles seront des accusations balbutiées par la bouche d'une mourante? Aurez-vous désormais besoin, pour vous défendre, d'aller disputer Mme Lafarge au bourreau, pour lui faire expier les calomnies qu'elle aura jetées sur votre vie? Votre honneur sera lavé dans le sang, votre complète réhabilitation en jaillira...

La priorité du crime ou du délit n'importe pas. Il suffit

qu'il y ait à la fois accusation et prévention pour qu'il faille commencer par vider l'accusation.

On dit qu'il n'y a pas de précédent, pas d'arrêt; mais il y a l'usage, cet arrêt perpétuel de la magistrature. On ne peut pas citer une seule affaire où, dans une position semblable, on ait commencé par juger le délit.

La partie civile craint de ne pas pouvoir obtenir plus tard la réparation qu'elle demande. Pourquoi donc a-t-elle attendu, pour intervenir, le jour des débats?

Eh quoi! madame de Léautaud, on demande pour vous un jugement immédiat, quand Marie Cappelle n'a pas ses témoins! Vous allez donc être jugée sur vos dépositions à vous? Sera-ce un triomphe, une réparation pour votre honneur?... Si vous êtes innocente, montrez-vous généreuse; attendez une contradiction possible; ouvrez une lice large et loyale à votre adversaire. Si vous l'attaquez alors qu'il ne peut se défendre, alors qu'il vous demande le temps de préparer ses armes, ce n'est plus la victoire, ce n'est plus une noble et complète réparation. Au nom de votre honneur, madame de Léautaud, plaidez avec Marie Cappelle pour le délai..... »

Mais Mme de Léautaud fut sourde à cette prière; elle voulut un jugement immédiat. Le ministère public psalmodia quelques-uns des arguments de Me Corali, et le tribunal rendit un jugement qui ordonna le débat.

Mme Lafarge ne pouvait accepter cette position ; un moyen lui restait, l'appel : elle le déclara immédiatement. Le tribunal ne crut pas devoir s'arrêter devant cet acte de la défense; il décida que, malgré l'appel, les débats auraient lieu immédiatement. Marie Cappelle devait suivre jusqu'à la fin cette voie de résistance ; elle demanda à être admise au défaut et à quitter la salle. Le ministère public invoquait les lois de septembre pour qu'elle assistât muette à l'audience ; mais le tribunal, compatissant à tant de souffrances et ne voulant pas prolonger ce spectacle douloureux et inutile, lui permit de se retirer.

La foule l'attendait à la porte du palais, nombreuse, avide, mais respectueuse devant son infortune. La société d'élite, aux mains blanches, n'avait eu que sourires dédaigneux et manifestations scandaleuses dans l'intérieur ; la population pauvre, laborieuse, fut digne, religieuse, émue, sur la place publique. La voiture roulait lentement au milieu de ce peuple, et Marie Cappelle n'entendit pas un mot, ne vit pas un geste insulter à son malheur... La leçon montait de bas en haut.

En rentrant dans sa prison, Marie Cappelle s'abandonna à toute son affliction... Ce tribunal, cette curiosité, ce débat qu'il avait fallu fuir, que de sujets de tristesse, d'angoisses et de pressentiments! Elle pleura avec amertume, mais sans découragement; et, pleine d'espoir en l'avenir, elle se réfugia dans sa conscience.

Après son départ le débat continua, mais lent, froid, monotone; les témoins, presque tous membres de la famille de Nicolaï ou attachés à son service, furent entendus sans contradicteurs.

On s'étonnait que la justice acceptât les témoignages des parents de Mme de Léautaud; on se demandait, avec quelque raison, si l'impartialité du témoin était possible lorsque des liens intimes l'unissaient à l'une des parties? N'y avait-il pas un honneur de famille à soutenir, et cet intérêt si puissant, dans une cause commune à tous, n'exagérait-il pas l'importance de quelque fait? ne donnait-il pas de la passion à quelques souvenirs?

Les témoins prétendirent, entre autres choses, que les avocats de Mme Lafarge, convaincus de l'évidence des preuves lors de leurs entrevues avec la famille de Nicolaï, avaient eux-mêmes avoué la culpabilité de leur cliente. Non-seulement MM. Bac et Lachaud ont nié ces prétendus aveux, mais comprendrait-on un pareil abandon dans les circonstances où ils se trouvaient, et devant des allégations si contradictoires, si peu éclaircies encore? La partialité si naturelle des membres de la famille de Mme de Léautaud a pu seule les induire en erreur. Que MM. Bac et Lachaud, en hommes bien élevés, aient employé toutes sortes d'égards et de ménagements, quand ils venaient demander à une femme de signer son déshonneur, tout le monde les comprend et les approuve; mais pourquoi auraient-ils déserté dès lors une cause qu'ils défendirent plus tard avec tant d'ardeur? Pourquoi auraient-ils fait parade d'une défection qui n'eût été qu'une lâcheté?

Marie Cappelle ne dissimula pas son anxiété pendant le cours de ces longues dépositions; elle voulait tout savoir et s'indignait à chaque parole ennemie qu'on lui rapportait. A chaque heure elle écrivait pour obtenir des détails; elle en souffrait davantage, mais le besoin de tout apprendre l'emportait sur ses vives souffrances. Voici un des petits billets qu'elle écrivait à M. Lachaud :

11 juillet.

« J'ai été fort souffrante toute cette nuit, et dans l'obligation de me livrer jusque vers deux heures aux ordres de mon cher docteur. Je vous attends alors, pour me donner quelques nouvelles de la tournure que prendront les dépositions.

Cette ignominie que m'apprêtent mes juges me brûle. L'humanité se révolte et souffre, le cœur se relève et domine orgueilleusement ces iniquités.

A vous. MARIE. »

Après quatre audiences consacrées aux débats préliminaires, à l'audition des témoins et aux plaidoiries de Me Corali et du ministère public, le tribunal rendit enfin son jugement longuement motivé, qui condamnait par défaut Marie Cappelle à deux ans d'emprisonnement, comme atteinte et convaincue d'avoir volé les diamants de Mme de Léautaud.

Ce jugement ayant été cassé par le tribunal

d'appel de Tulle, nous ne nous étendrons pas davantage sur ce premier procès ; nous reviendrons plus tard sur tous les détails de cette affaire, et nous la discuterons avec impartialité.

VI

Après ce premier jugement, Marie Cappelle reprit sa vie ordinaire, occupée ; elle travaillait sans relâche à son procès criminel. La Cour d'assises devait bientôt ouvrir ; son affaire y serait appelée, elle n'avait plus que quelques jours à rester à Brive. On devait la conduire à Tulle, et la pensée de ce voyage lui causait de nouvelles inquiétudes.

La prison de Tulle lui était inconnue, tandis qu'à Brive elle avait pris, depuis bientôt huit mois, des habitudes auxquelles il lui serait pénible de renoncer. Elle avait déjà réussi à y faire quelque bien, elle y avait trouvé de précieuses consolations. A Brive, au milieu de tous ses compagnons d'infortune, son empire était irrésistible. Ces malheureux, tarés, grossiers, l'entouraient des égards les plus prévenants, les plus respectueux; pour elle les habitudes désordonnées, les chansons ignobles avaient disparu. La prison s'était civilisée, moralisée; chacun de ces pauvres captifs voulait deviner ce qui pouvait lui plaire pour le lui offrir et en obtenir un remerciement. La cour, autrefois si bruyante, était devenue calme et silencieuse jusqu'à dix heures, parce que, disait-on, *la madame* dormait. Si un nouvel arrivé, ne connaissant ni la prisonnière ni le respect qu'on lui portait, voulait élever la voix, il devait bien vite se taire sous peine de rudes avis.

Le soir, en se rendant à leur dortoir, tous les prisonniers, hommes et femmes, lui criaient un bonsoir, et du haut de sa croisée elle leur rendait leur salut avec la main. Les mille petits ouvrages qui se fabriquent dans les prisons encombraient sa chambre; chaque malheureux lui donnait son souvenir; et si elle voulait refuser, si elle essayait de rendre ce qu'on lui offrait, ces pauvres gens se plaignaient, étaient tristes, et elle se voyait forcée d'accepter pour leur éviter un chagrin.

Il n'y avait pourtant point d'intérêt dans ces manifestations sympathiques et respectueuses ; les règlements défendent de donner de l'argent aux prisonniers ; la générosité de Mme Lafarge était donc entièrement paralysée, et elle ne pouvait rendre à ces malheureux que des souhaits et des pleurs, en retour de leurs présents.

On a beaucoup parlé, non sans raison, de la séduction qu'exerce Marie Cappelle sur tous ceux qui l'entourent. Nul ne s'est soustrait à ce charme irrésistible; beaucoup lui en ont fait un crime, tant est absurde la prévention ; mais ceux qui ont voulu la juger avec impartialité se sont demandé si une organisation aussi gracieuse, aussi attractive, avait pu combiner et exécuter les crimes infâmes qu'on lui reproche.

« Je m'en vais, disait un jour un fonctionnaire qui venait de la visiter et qui la croit coupable; je m'en vais, car je tiens à juger toujours avec ma raison. »

Nous avons voulu nous rendre compte de cette puissance, et définir, s'il était possible, cet ensemble de grâces si naturelles et si entraînantes.

Beaucoup de femmes sont autant et plus belles que Mme Lafarge, mais peu réunissent des caractères aussi distincts d'élégance et d'individualité. Il est difficile de bien peindre sa figure; l'expression en est si mobile et si profonde à la fois qu'elle échappe aux regards de l'observateur; ses traits sont cependant assez saillants; ses yeux noirs, pleins d'éclat et d'expression, animent ce visage toujours pâle et souffrant, et projettent sur ses joues amaigries une vie qui les fait paraître plus malades encore. De longs cheveux noirs, ramenés en bandeau, tournent comme un crêpe funèbre autour de sa tête, et cependant ce visage n'est pas triste; un sourire jeune, vivant, doux et railleur, lui donne de la fraîcheur et presque de l'enfance. Puis sa voix est si doucement modulée, si spirituellement agréable, si cordialement affectueuse, qu'elle pénètre et entraîne la conviction. Ses manières sont un type de distinction et de simplicité : pas de prétention, mais pas de trivialité. Sa causerie est aimable, mélancolique, mais aussi quelquefois vive, passionnée. Jamais une parole de brutale indignation, toujours un prompt retour à la douceur et au pardon. Dans sa prison, n'essayant jamais de se draper dans son malheur, ne parlant d'elle qu'avec une absence complète d'affectation, ne demandant pas de pitié, plaçant le souvenir et le cœur de ses amis au-dessus de toutes les infortunes, n'essayant pas de ramener des convictions contraires, et ne comprenant pas qu'on puisse venir jusqu'à elle avec le doute et la prévention.

Vue dans l'intimité, Mme Lafarge est un mélange de force et de faiblesse ; enfant et homme à la fois, elle résistera aux coups les plus affreux, elle dominera la calomnie la plus habilement ourdie, et elle faiblira devant de mesquines persécutions. D'un esprit mobile et impressionble à l'excès, elle passe en peu d'heures par toutes les phases du désespoir ou de la gaîté ;

oubliant parfois son horrible position, elle pétille d'esprit et de légèreté, elle répand çà et là les gracieuses richesses de son imagination ; mais un mot, un geste, un regard peut changer la scène, et alors son désespoir revient plus déchirant, plus profond qu'auparavant.

Il s'opérait depuis quelque temps une réaction favorable dans l'opinion publique, et si quelques journaux se distinguaient déjà par leurs articles violents et accusateurs, Marie Cappelle trouvait d'amples dédommagements dans les manifestations sympathiques qui surgissaient de toutes parts. Dans l'espace de quinze mois qu'ont duré ses procès, elle a reçu plus de six mille lettres, et on ne peut se figurer toutes les affectueuses paroles qui lui arrivaient, non pas seulement sous le patronage de noms obscurs ou de honteux anonymes, mais avec la signature des noms les plus illustres et les plus recommandables.

Chaque matin apportait sa récolte de vers, de proses, de cadeaux ; ici une bourse, là des pantoufles ; plus loin un nécessaire, des livres, une table, etc. Le grand seigneur, l'artisan, la grande dame et la bourgeoise, tous les rangs et toutes les classes se réunissaient pour offrir leurs consolations ; et ce n'étaient pas des dévouements craintifs : l'un offrait sa bourse, l'autre des moyens d'évasion ; celui-ci voulait aller au Mexique, celui-là parlait de mariage aussitôt après le procès. Dix secrétaires n'auraient pas suffi pour répondre à toutes ces correspondances anglaises, françaises, italiennes, etc. Des protestants envoyaient une bibliothèque chrétienne ; un bon catholique, des médailles de la Vierge ; des religieuses faisaient des neuvaines. Enfin, c'était à qui exalterait l'esprit, le courage, l'innocence, la force, la grandeur, le martyre de la pauvre captive... et, chose extraordinaire, au milieu de ces masses de lettres, deux ou trois à peine contenant des injures.

Les journées se passaient donc rapides et consolées ; avant d'avoir dépouillé ce long courrier, répondu à quelques lettres, l'heure arrivait de recevoir les amis et les défenseurs. Alors, après avoir parlé affaires, on lisait, on causait ; chacun s'efforçait de chasser la tristesse de ces sombres murs de la prison, et souvent la conversation se continuait, vive, aimable, confiante et gracieuse, jusqu'à la nuit, qui ramenait les cruelles insomnies, les pensées déchirantes, les agitations fiévreuses, les irritations cérébrales, les soins affectueux des médecins et le doux bercement de la bonne Clémentine.

Il nous serait, au reste, difficile de peindre la situation morale de Marie Cappelle mieux qu'elle ne l'a fait elle-même dans ses lettres ; nous continuerons donc à les transcrire, et nous insérons ici quelques-unes de celles qui se rapportent aux derniers temps de son séjour à Brive.

A M. Ch. L***, à T.....

18 juillet 1840.

« Je respire plus à mon aise en vous sachant sous ce beau ciel, avec des parfums, des fleurs, du repos; il me semble que vous vivez plus heureux au milieu de la belle nature. Moi, je ne veux pas vous regretter, et je jouis de ce qui vous fait heureux. Le soir, quand il ne fait pas encore noir et qu'il ne fait plus jour, je vais me glisser près de votre grand fauteuil; je vous y vois songeant peut-être, regrettant... Je vous y dis quelques mots comme vous les aimez, quelques paroles de conscience et aussi de désespoir... Aux unes vous donnez un bon sourire d'accueil, aux autres une méchante réprobation ; puis votre mère, si bonne, si tendre, vous éveille par un baiser ; vous lui parlez tout bas de la pauvre calomniée... Apprenez-lui à m'aimer ; je le mérite, car moi je l'aime assez pour sacrifier sans hésiter longtemps votre présence à son désir.

J'ai reçu hier soir l'acte d'accusation, et je me suis donné un violent accès de fièvre et d'indignation en le lisant en entier. Ce matin je l'ai déposé entre les mains de M. P***, qui l'a lu tristement, et nous avons échangé pendant deux heures plus de soupirs que de paroles. J'ai écrit une lettre pressante à M. Paillet, et répondu quelques lignes à M. Bac, qui m'a écrit pour m'envoyer croyance, confiance et résignation.

Je vis dans une solitude complète sous mes verroux. J'avais, du reste, grand besoin de remettre un peu d'ordre dans mon âme et de calme dans mon esprit. L'isolement, qui torture le cœur, vivifie la pensée ; c'est sa force, comme la douleur est sa dignité. Semblable au fanal qui montre les écueils de la côte, il s'élève plus ardent, plus lumineusement protecteur sous le souffle de ce même vent du Nord qui soulève les tempêtes dont il doit préserver les marins.

Je viens de lire une montagne de journaux, et je comprends plus que jamais le danger et l'utilité de la presse. — Dites-moi l'esprit qui règne sur vos montagnes, dites-moi surtout si les vôtres ont croyance et pitié pour moi.

Adieu, adieu ; votre pensée vient bien souvent combler le vide de mes jours, calmer les angoisses de mes nuits. »

Au même.

24 juillet.

« Pauvre regretté, que Dieu vous garde pendant l'absence ! Qu'il envoie à votre cœur les paroles de mon cœur les plus mystérieuses, les plus intimes. Toute cette nuit j'ai beaucoup souffert ; à mes douleurs nerveuses s'étaient jointes des douleurs de tête assez fortes pour briser mon front, pour évoquer mes pensées les plus sinistres, les plus décevantes. Dans ce moment je ne crois en rien ; les turpitudes de la terre me font désespérer des hommes. J'ai peur... de mes passions qui pourraient me rendre vile comme eux; de la vie, qui souille ; de la tombe, qui anéantit ; du ciel, que je ne comprends plus.

Votre affection est venue enfin calmer ces angoisses de mon âme. Je me suis réfugiée en elle pour échapper à ces douleurs de la fièvre et du doute. J'ai beaucoup pleuré et je pleure encore, mais sans trop d'amertume. Dites en vous éloignant de douces paroles qui illuminent mon cœur en dépit des souffrances physiques qui courbent ma volonté, et ne vous inquiétez pas.... Il n'y a que le bonheur qui tue.

Adieu, mon cher absent ; si j'étais aussi ou plus malade demain, je vous l'écrirais. Gardez mon cœur : le passé n'en a rien pris ; il est tout à l'avenir. »

A M. Lachaud, à Treignac.

23 juillet.

« Combien je souffre avec vous, mon pauvre ami ! Ce matin, en recevant votre lettre, mon cœur se brisait. Vous étiez loin avec votre douleur, et je ne pouvais rien pour vous, rien... (1).

Je priais Dieu, je suivais cette voiture qui vous emportait si lentement près de votre cher malade. J'étais de moitié dans votre amère impatience, de moitié dans votre angoisse de l'arrivée. Mon ami, oh ! je vous aime bien !

J'attends avec une impatience inouïe une lettre de vous ; je n'ai pas une pensée qui quitte vos pensées ; les heures se traînent, je ne saurais vivre longtemps ainsi... Écrivez-moi, écrivez-moi !

Mes prières seront peut-être exaucées, et ma lettre vous trouvera espérant et calme. J'ai besoin de ce pressentiment ; je souffre avec vous de toute mon âme ; la douleur de votre mère me brise.

Adieu, mon pauvre ami, espérez. »

Au même.

27 juillet.

« Que Dieu soit loué !... Mon cœur était si gros de vos douleurs qu'il a reçu avec bonheur la moitié de vos espé-

(1) Cette lettre et la suivante ont rapport à une grave maladie de M. Lachaud père, qui avait motivé le prompt retour de son fils à Treignac.

rances, avec bonheur ce mot si doux qui attribue à mes prières la guérison de votre cher malade... Vous avez compris que m'attribuer une de vos joies était réaliser mon désir le plus intime. Près de moi vous trouverez toujours une grave et sainte affection, une larme sœur de vos larmes, un sourire qui naîtra radieux sous votre sourire, une main toujours tendue à votre main. Les événements ne sauraient changer cette vie de l'âme; elle n'en dépend pas, et reste au-dessus d'eux!

Un jeune homme arrivé ce matin de Tulle me continue les bonnes nouvelles que vous me donnez, et m'ôte toute inquiétude, puisqu'elles sont de deux jours après les vôtres. M. Ségeral me dit qu'un mieux aussi continu doit être un mieux positif. Oh! que votre joie est mienne! Que je serre votre main, celle de votre pauvre mère avec actions de grâces!

. . . .

Au même.

30 juillet.

« Je reçois à l'instant une lettre de M. Bac, qui m'annonce que la Cour de Limoges a statué, et que mon affaire est appelée pour les assises d'août.

J'avais besoin de cette assurance pour relever mon pauvre courage. Ces calomnies sous lesquelles il fallait courber la tête et se faire muette, ces diffamations de chaque jour m'étaient un trop cruel martyre. Maintenant, que Dieu soit loué! le terme approche ; je puis compter les heures qui précéderont celle qui me donnera innocente à mes nobles amis, ou qui me fera, radieuse martyre, digne du ciel.

Oh! soyez béni, vous qui avez cru avec la foi du cœur, sans le secours de votre esprit ou de mes dénégations. Soyez mille fois béni, et que Dieu permette à la pauvre Marie de mettre sa vie, ses pensées, son dévouement à la disposition de votre bonheur! Je ne sais ce que je puis, mais Dieu et mon cœur m'exauceront!

Tous ces jours m'ont été tristes et lourds. Je n'avais jamais compris, des mystères de la solitude, que la joie et le calme. La douleur m'en est révélée. Quand le cœur n'a pas de lendemain, quand les heures ne vont pas trop vite ou trop lentement, quand la porte qui s'ouvre ne vous apporte pas une joie ou une déception, comment supporter ces petites éternités de vingt-quatre heures qui reviennent si souvent?

M. Bac me charge de vous annoncer les décisions de la chambre d'accusation, et de vous demander sur-le-champ de vous mettre à l'œuvre. De par le monde, je vous demande pardon de vous réclamer aussitôt; de par *nous*, je vous en sais heureux, comme j'en suis heureuse. Je vous envoie cette lettre à Tulle, ne voulant pas usurper cependant une des minutes qui rendent votre mère bien heureuse et bien aimée par vous.

Adieu. »

Dans les premiers jours du mois d'août, Mme Lafarge quitta la prison de Brive pour se rendre à Tulle. Nous trouvons dans sa correspondance deux lettres qu'elle écrivit le jour et le lendemain de son arrivée; les voici :

A M. Lachaud.

6 août.

« Je sais que votre père est infiniment mieux ; je *suis chez vous,* presque heureuse et calme après toutes les pénibles émotions de ce jour.

Hier matin, après avoir levé mon bras, tiré la langue et refusé opiniâtrément de laisser sonder mon pauvre estomac, j'avais passé mes heures à maudire justice et faculté, lorsque, vers onze heures du soir, arrive l'ordre de partir le lendemain au jour. Toute la force de votre brave amie se résuma en un sanglot : puis je fis lever M. P***, lever M. S***, et, en si bonne compagnie, nous nous regardâmes avec désespoir et inertie jusqu'à minuit. Il fallait une voiture, on n'en trouve pas... L'obligeance brivoise dormait; un œil heureusement ouvert encore à la cupidité nous cède enfin pour 300 francs un affreux nid à rats, qui en vaut 100.

M. P*** avec *sa figure*, moi éplorée, et deux gendarmes *charmants*, nous entassons dedans à six heures. Oh! vivent les gendarmes! c'est bien là le prochain qu'il faut aimer comme soi-même! Arrivés à la poste, nous nous jetons stupidement abrutis dans de dures chaises. Le lieutenant me fait préparer un excellent lit, me force au repos, et je m'endors buvant un verre d'eau sucrée préparé par un gendarme de Brive. Je me réveille gardée par un gendarme de Tulle, qui crève un cheval pour me faire aller plus vite selon mon désir!

L'arrivée fut très-pénible: M. P*** sublime, moi terriblement émue des figures de votre peuple, qui n'étaient pas gracieuses. La voiture ne put entrer en prison. Nous fûmes obligés de descendre à pied dans la foule.... Oh! grand Dieu! que je suis faible quand je ne lis pas mon courage dans vos yeux!

En ce moment je suis couchée; j'ai reçu la visite du maire, qui s'est offert si galamment pour médecin, et que j'ai accepté *quand même*; puis celle de M. L***, original amusant d'esprit et de physique, et qui était, je ne sais pourquoi, l'ombre de votre maire.

Adieu; ne venez pas, mais envoyez-moi bien des pensées. Ici je suis sans souvenirs; cette chambre ne me connaît pas, ni mes amis non plus... Quelques mots chaque jour dans cet isolement.

Que Dieu soit béni d'avoir exaucé nos prières! Hâtez par votre affection la convalescence de votre père, comme je hâte votre arrivée par les plus intimes souhaits de mon cœur. »

Au même.

7 août

« Merci, mon ami, de me consoler, car mon cœur est bien gros, et je souffre. Cette froide lettre pleine de doutes et de restrictions a froissé une affection de vingt ans, et m'a fait pleurer d'amères larmes. Je ne veux plus espérer, je ne veux plus croire. Toute ma vie, c'est vous et quelques autres amis; et si Dieu m'enlevait cette moitié de mon âme, je mourrais trop vite pour essayer un nouveau désespoir.

Demain je ferai dire une messe pour votre cher malade. Je crois que je n'ai jamais prié avec plus de ferveur; je prie pour vous, et combien j'aime la pensée qui me fait obtenir, au nom de ma lourde croix, une douce joie pour vous, mon ami!

J'ai bien pleuré hier soir après le départ de M. P***, et j'ai passé une horrible nuit. Il me semble que tout m'abandonne ici. Je n'ai pas une pensée amie que je puisse interroger au besoin. Je suis seule... seule! On parle d'appel à juger, et d'un moment à l'autre je puis avoir besoin de conseils; dites-moi à qui je dois m'adresser en votre absence. J'attends votre réponse pour agir, mais donnez-la bien vite. Cet isolement complet est un supplice, et je crois à tout moment devoir prendre une décision, faire le contraire de ce qu'il faudrait. Enfin, je suis faible, enfant, malheureuse...

Parlez à votre amie, calmez toutes ses angoisses. Hélas!

elle voulait vous les cacher : elle s'était faite gaie hier pour venir à vous; ce matin elle est brisée. Aimez-la, et croyez qu'elle sait bien vous aimer.

Adieu, cher absent; dans quelques heures vous recevrez ma lettre, et dans quelques heures comme toujours ma pensée sera près de vous. »

Le 13 août, le tribunal correctionnel de Tulle s'occupa des appels interjetés au nom de Mme Lafarge et tendant à faire déclarer nuls :

1° Le jugement du tribunal de Brive qui faisait passer l'affaire correctionnelle avant l'affaire criminelle, et qui refusait le sursis demandé par la défense pour cause d'impossibilité de produire à temps ses témoins;

2° Le jugement prononcé par défaut à la suite du premier, malgré l'appel immédiatement formulé par Mme Lafarge pour cause d'incompétence.

Nous devons ajouter qu'un troisième appel était intervenu sur ce second jugement de la part du ministère public, sans doute pour cause d'insuffisance de la peine.

L'affluence des spectateurs n'est pas moins grande à Tulle qu'elle l'avait été à Brive.

Mme Lafarge, malgré ses grandes souffrances, se présente appuyée sur le bras de son défenseur; ses traits sont altérés par la maladie, mais ses regards et son attitude expriment le calme et la résignation.

M. de Léautaud est le seul de sa famille qui paraisse à l'audience.

Le système déjà plaidé devant les premiers juges est développé de nouveau par MM{es} Bac et Lachaud. Me Corali, tout en reproduisant les arguments qu'il a fait valoir à Brive pour soutenir le bien jugé des deux arrêts attaqués, déclare qu'il ne s'oppose plus à la remise de l'affaire; que, s'il a insisté pour obtenir un jugement immédiat, c'était pour constater que Mme de Léautaud ne reculait pas devant la publicité; que maintenant il est satisfait.

Me Bac, dans sa réplique à Me Corali, s'attache à justifier le système de Mme Lafarge des accusations de perfidie dont il a été l'objet; il raconte les circonstances qui l'ont forcée à dévoiler un secret qu'elle s'obstinait à garder renfermé en elle-même. Puis, abordant de nouveau la question de droit, à savoir qu'on devait accorder à Marie Cappelle le débat contradictoire, à armes égales, devant le jury, et non le débat correctionnel obtenu par Mme de Léautaud, et qui n'offre pas les mêmes garanties à sa cliente, il ajoute :

« Vraiment Mme de Léautaud a d'étranges impatiences et demande les réparations qui lui sont dues de manière à faire venir de singulières pensées ! Ce n'est pas ainsi que je me figure l'attitude du véritable honneur.

Est-ce un honneur bien solidement assis que celui qui a besoin des secours de l'éloquence, des ruses de la procédure, et qui redoute des débats solennels où il n'aurait pas un avocat spécial, où il ne serait défendu que par la justice et la vérité ?

Est-ce que le véritable honneur n'est pas un peu comme ces statues de marbre solides sur leur piédestal, et qui n'ont pas besoin d'étais pour se tenir debout ?

En vérité, quand je vois que vous redoutez tant les débats de la Cour d'assises, ces débats solennels où vous serez témoin, où, pour défendre votre honneur, vous aurez la parole du président, chargé de maintenir tous les droits, celle plus ardente du ministère public et la majesté de la justice, je ne puis m'empêcher de croire que vous n'êtes pas aussi affermie que vous le dites dans le sentiment de votre innocence.... »

M. Soubrebost, procureur du roi à Tulle,

prend à son tour la parole; il soutient que le premier jugement est inattaquable, que les juges n'ont point à s'inquiéter du cumul des peines, mais seulement de la juste application de la loi. Quant au second jugement, il conclut, avec MM^{es} Bac et Lachaud, à son infirmation, et combat les moyens présentés par Me Corali.

En conséquence, et conformément aux conclusions du ministère public, le tribunal,

« Sur la demande en sursis, déboute la dame veuve Lafarge de son appel ;

« Sur la demande en renvoi jusqu'après le jugement de l'appel, dit qu'il a été mal jugé; émendant, réformant et faisant ce que les premiers juges auraient dû faire,

« Déclare que l'appel était suspensif, et que c'est à tort qu'il a été procédé à l'examen du fond; casse et annulle en conséquence le jugement par défaut qui a été rendu, dit que toutes les parties feront assigner leurs témoins pour l'audience du 20 septembre prochain, audience à laquelle il sera procédé au jugement du fond; réserve les dépens. »

Le procureur général de Limoges ne partagea pas l'opinion favorable à la défense qu'avait exprimée le procureur du roi de Tulle, et il ordonna à son subordonné de se pourvoir en cassation contre la dernière décision. L'affaire fut donc indéfiniment ajournée, car elle ne pouvait être reprise qu'après l'examen du pourvoi, et dès lors après le jugement de l'affaire criminelle, qui était fixé aux premiers jours de septembre.

VII

On était à la veille de la Cour d'assises, et il restait beaucoup à faire encore. Cette procédure criminelle avait suivi tant de phases diverses qu'il avait été presque impossible aux avocats de Marie Cappelle de préparer à l'avance leurs moyens de défense. La communication des dossiers n'avait dû être faite qu'après l'arrêt de la chambre de mise en accusation ; pour répondre à chaque témoin, pour discuter chaque fait, il fallait connaître les dépositions.

Lorsque cette vaste procédure fut enfin livrée à

la défense, et qu'on l'eut analysée dans toutes ses parties, on ne se dissimula pas les difficultés immenses qui allaient être soulevées. Quel système adopter? quelle route suivre pour conduire à la démonstration de l'innocence? Bien des faits étaient étrangers à Marie Cappelle, et pourtant il fallait les comprendre et les expliquer. Souvent même il fallait reconnaître son impuissance et se soumettre devant des circonstances imprévues, impossibles à concilier avec d'autres, et qui par cela même devenaient fatales pour l'accusée.

On reconnut que ce qu'il y avait de plus sage à faire, c'était d'abord de bien fixer la position financière de M. Lafarge au moment de sa mort. En recherchant la déplorable situation où il se trouvait, on arrivait à prouver les moyens criminels auxquels il avait eu recours pour subvenir à ses plus pressantes nécessités. On parlait de faux commis en participation de quelques autres misérables; il y avait là peut-être un fait qui pouvait jeter quelque lumière dans cette ténébreuse accusation. Il fallait donc avant tout faire déclarer la faillite de M. Lafarge, et rien n'était plus facile. Marie Cappelle, créancière de son mari pour plus de 100,000 francs, n'avait qu'à présenter une requête au tribunal de commerce de Brive pour obtenir la mise en faillite. Lorsqu'on lui en parla, elle répondit avec une obstination qui ne lui était pas ordinaire :

« Jamais je ne flétrirai le nom que je porte ; mon salut peut dépendre de cette circonstance, mais j'aime mieux périr que de me souiller par une lâche faiblesse. »

On proposa alors d'obtenir d'un autre créancier la poursuite qu'elle ne voulait pas faire.

« Non, disait-elle encore, je ne tolérerai pas dans l'ombre ce que je n'ai pas la volonté de faire au grand jour ; ce n'est pas le monde que je crains, c'est ma conscience. »

Il fallut renoncer à cet important moyen.

On n'était pas fixé sur la marche qu'il fallait donner aux débats criminels. Il y avait eu au Glandier un crime ou une infâme supposition de crime ; où était le coupable ? Si Marie Cappelle était innocente, ne devait-elle pas, marchant avec l'accusation, chercher la main qui avait si lâchement organisé la preuve d'un horrible forfait? Il y avait du danger, certes, à accepter ce système; mais s'il réussissait, si le coupable était enfin démasqué, Marie Cappelle n'obtenait-elle pas un acquittement éclatant, un triomphe complet? Elle le comprenait, elle le voulait en principe, mais elle tremblait devant l'application.

« Si nous nous trompions! répétait-elle. Si celui ou ceux que nous accuserions étaient innocents, quel horrible remords! La calomnie fait tant de mal qu'il n'est pas un crime plus odieux et qui laisse de plus irréparables douleurs. Défendons-nous, accusons même s'il le faut, mais jamais sans preuves évidentes. N'écoutons pas nos doutes; méfions-nous de nos préventions. Dieu et la vérité nous éclaireront. »

Au milieu des incertitudes et des obscurités de cette cause, il était impossible d'organiser un système complet; il fallait se préparer à tous les incidents et appeler des témoins qui pussent être utiles et pour une simple défense et pour une défense qui deviendrait accusatrice. On serait toujours libre de renoncer à l'audition des témoins qui deviendraient inutiles ou dangereux.

Le moment était venu pour Marie Cappelle de revenir sur tous les faits de sa vie au Glandier; elle devait rendre compte de toutes ses impressions bonnes ou mauvaises, raconter en détail l'emploi de ses journées, rassembler ses souvenirs de tristesse et de deuil. Elle le fit avec abandon et loyauté; toutes les questions recevaient d'elle une réponse précise, non équivoque; elle avouait les bizarreries de son caractère, et ne cherchait pas une justification impossible pour les faits qu'elle ne comprenait pas elle-même.

Devant ces aveux si francs, cette parole si facile, cette expression de vérité si entière, il n'était pas possible de douter.

Ceux qui accusent cette femme avec une si rude, une si cruelle conviction, n'auraient pu assister à cette intime confidence de la prison sans en rapporter la preuve morale de son innocence, la plus puissante de toutes les preuves, car elle relève de la conscience, qui ne peut mentir.

Marie Cappelle retrouva dans la prison de Tulle à peu près le même genre de vie auquel elle était habituée à Brive. C'étaient les mêmes soins, les mêmes égards : un excellent médecin, M. Ventéjoux, qui lui continuait les soins affectueux et intelligents du bon M. Ségeral ; une petite chambre simplement, mais proprement décorée, avec deux lits pour elle et pour Clémentine ; des livres, des fleurs, des amis, beaucoup de lettres ; des malheureux à consoler. Sa journée passait assez vite dans ces douces occupations ; elle oubliait ce que sa situation avait d'horrible, et, ne doutant pas plus de son acquittement qu'elle ne doutait de son innocence, elle attendait avec espérance les débats, si douloureux pourtant, qui allaient s'ouvrir.

Quelques paroles cruelles arrivaient cependant jusqu'à elle, et il se trouvait des cœurs assez impitoyables pour apporter, sous la forme de conseils, à cette malheureuse femme, les doutes et les appréhensions qui devaient le plus la torturer ; elle écrivait, le 16 août :

A M. L***, à Treignac.

16 août.

« J'ai reçu la visite de M. S*** ; je ne sais trop qu'en penser, qu'en dire ; elle m'a fait mal. Il m'a appris, entre autres choses consolantes, que ma position était épouvantable ; qu'une condamnation était plus que probable ; que, si mes imprudents défenseurs continuaient leur calomnieux système de défense, elle était inévitable.

J'ai répondu que je ne comprenais pas un système, mais l'écho de la vérité ! Et comme il me pressait de conseils et de questions, j'ajoutai que j'ignorais notre plan de défense, mais que je savais que, cette fois comme l'autre, nous ne tremblerions pas pour dire toute la vérité.

Puis il m'a dit que je ne voyais pas assez les horreurs de ma position ; qu'on me les cachait ; que j'étais entourée de jeunes têtes qui me perdraient par leurs illusions ; que l'échafaud n'était plus un roman ; que je m'entourais d'une auréole d'improbabilités qui ne seraient pas comprises par le jury, etc., etc.... J'ai dit à tout ceci que je savais voir la mort sans peur, que je laissais les remords et les horreurs de la prévention aux coupables ; que je pouvais supporter le glaive sur ma tête, alors que mon innocence était sur mon front ; que mes amis me savaient assez forte pour me dire tout ; que je méprisais le monde, et ne lui sacrifierais pas mes dévouements parce qu'ils n'étaient pas sous la sauvegarde de cheveux blancs, etc., etc.

J'ai été abîmée de cette froide raison qui veut glacer

l'âme avant la vie..... Vienne la mort! elle me trouvera résignée et souriante, martyre et aimée, n'est-ce pas?

M. P*** a passé la journée sous les verroux; il m'a fait du bien avec son robuste et loyal dévouement...

J'ai reçu ce matin après votre départ une seconde lettre anonyme de Tulle, aussi parfaitement écrite que la dernière, et de la même personne; c'est une noble et belle âme: nous la découvrirons, j'espère, au moins dans l'autre monde.

Adieu; je vais bercer et endormir mes tristes pensées du soir dans votre souvenir et votre affection. »

M. Paillet était arrivé. On avait compris le danger d'une défense partagée entre plusieurs avocats, et Mme Lafarge, sans renoncer à l'appui, au dévouement et aux conseils de ses autres défenseurs, avait dû plus particulièrement s'en remettre à l'expérience et à la haute position de M. Paillet.

On devait aussi s'occuper de la liste du jury; à la première lecture une crainte vint douloureusement frapper ceux qui furent consultés; les noms de cette liste étaient honorables et probes, sans doute, mais ils n'offraient pas ces garanties intellectuelles si indispensables à des juges, indispensables surtout dans une affaire aussi difficile. C'étaient presque tous d'honnêtes cultivateurs illettrés, dont l'esprit ne pouvait déjouer les intrigues de la haine ou de la cupidité; hommes faibles, entourés depuis neuf mois de la prévention la plus fougueuse, qui croyaient à l'infaillibilité du procureur du roi et ne savaient pas fermer leur conscience au déchaînement de la calomnie; hommes simples, ne comprenant que leurs habitudes paisibles et rangées, et regardant une civilisation plus avancée que la leur comme capable de tous les crimes.

Là où les lumières et l'impartialité étaient les qualités essentielles, ne rencontrer que faiblesse et prévention, c'était faire une désolante découverte!

Il faut dire encore que le procureur général de Limoges envoyait à Tulle pour soutenir l'accusation, en remplacement du malencontreux procureur du roi qui n'avait pas su deviner ses désirs lors du second jugement correctionnel, un avocat général de talent et de passion, M. Decoux, dont le nom restera certainement attaché à cette malheureuse affaire.

Quatre ou cinq jours avant l'ouverture des

débats, la sœur, les tantes, les oncles de Mme Lafarge arrivèrent à Tulle ; cette partie de sa famille ne l'avait pas revue depuis son mariage. Quelle triste et touchante entrevue ! La pauvre captive, en les revoyant, crut au bonheur ; n'était-ce pas l'aurore de sa liberté qui apparaissait ?

L'affluence des curieux et des journalistes encombrait les hôtels de Tulle. Jamais la salle du Palais-de-Justice n'aurait pu contenir le quart de tous ces visiteurs ; les magistrats firent dresser une grande tribune ; on doubla les billets de faveur ; mais que de mécontents encore ! combien qui durent repartir sans être assez heureux pour obtenir le billet si longtemps, si impatiemment attendu !

Le 2 septembre, à minuit, Mme Lafarge, accompagnée de MM. Paillet et Lachaud, fut conduite dans une voiture à la petite chambre qu'on avait préparée pour elle au Palais-de-Justice ; on avait pris cette mesure pour éviter, après chaque audience, le trajet un peu long du ribunal à la prison.

Le lendemain, à neuf heures, l'audience devait s'ouvrir.

La salle était pleine; plus de trois mille personnes se pressaient vainement autour du palais. Il n'y avait pas une place vide; les dames elles-mêmes ne trouvaient pas à s'asseoir; on avait peine à contenir cette foule nombreuse qui faisait effort pour pénétrer de toutes parts.

M. Barny, conseiller à la Cour royale de Limoges, présidait la Cour; M. Decoux occupait le siége du ministère public; MM. Paillet et Lachaud étaient assis au banc de la défense.

L'ordre d'introduire l'accusée est donné : elle s'avance, appuyée sur le bras de M. Paillet, et monte avec fermeté les gradins qui conduisent au banc des accusés. Elle porte de longs vêtements de deuil; mais son voile est relevé, et cette figure pâle et triste se détache douloureusement sur ce brillant auditoire. L'expression de sa physionomie est noble et modeste; son regard se promène calme et tranquille sur la foule des spectateurs; et s'il rencontre un ami, il devient doux et affectueux.

La première audience fut occupée par le tirage du jury et la lecture des pièces d'accusation. Dix récusations pouvaient être faites par l'accusée; le ministère public avait le même droit; de part et d'autre on usa de cette faculté. Puis le greffier donna lecture de l'acte d'accusation.

Cet acte n'était pour personne une pièce nouvelle; déjà depuis longtemps tous les journaux l'avaient publié, déjà depuis longtemps, et avant même que l'accusée l'eût reçu, chacun avait pu lire ce fougueux exposé de l'accusation la plus terrible.

On avait doublement violé la loi; car on avait, par tous les moyens, excité la prévention et la haine contre la femme qui n'était encore qu'accusée.

Nous le demandons au parquet de Limoges lui-même: est-il légal, est-il moral de détacher ainsi de la procédure une pièce qui n'appartient encore qu'à l'accusation? de laisser, pendant de longs jours, l'opinion publique se passionner contre une accusée, sans que la voix de la défense puisse se faire entendre? Est-il légal, est-il moral de laisser la haine et le mépris gagner toutes les consciences, éloigner des témoignages favorables à l'accusée, et d'appeler ensuite à un jugement des hommes qui n'ont pu se soustraire à cet entraînement fatal?

Et quel acte d'accusation encore! Non, ce n'est pas là le résumé simple, impartial, que veut la loi; ce n'est pas cette analyse sommaire des témoins et des faits qu'elle demande; c'est un discours prétentieux, ardent; c'est une paraphrase bouillante du réquisitoire qui viendra plus tard; c'est enfin la pièce la plus irrésistiblement entraînante par la disposition, le style et la narration des faits.

Bien plus: Marie Cappelle doit être traduite devant la Cour d'assises sous la seule prévention du crime d'empoisonnement; et l'acte d'accusation ne craint pas de la présenter au jury comme atteinte et convaincue du vol des diamants, lorsque le jugement qui l'avait condamnée par défaut a été annulé par une Cour supérieure!

Et tout cela n'est pas vrai pourtant! Ce n'est que l'écho de l'accusation, un écho qui vient se briser contre l'imposante autorité de la défense.

Justifie qui pourra la conduite du parquet de Limoges! Nous voulons croire qu'il a agi témérairement, ne comprenant pas la déplorable étendue de son imprudence; mais une légèreté chez un magistrat peut souvent avoir des résultats terribles.

Nous donnons ici tout au long cet acte d'accusation; on verra, par la discussion qui va suivre, que la défense l'a démoli pièce à pièce, et qu'aujourd'hui, considéré de sang-froid, il ne pourrait soutenir un examen sérieux devant un parquet plus sage et un jury plus éclairé.

ACTE D'ACCUSATION.

Le procureur général du roi, chevalier de l'ordre royal de la Légion-d'Honneur, expose que, par arrêt de la chambre des mises en accusation de la Cour royale de Limoges, en date du 18 juillet 1840, Marie Cappelle, veuve du sieur Lafarge, demeurant au Glandier, commune de Beyssac, a été renvoyée devant la Cour d'assises de la Corrèze pour y être jugée suivant la loi; déclare, le procureur général, que, nouvel examen fait de la procédure, il en résulte ce qui suit :

Charles Pouch Lafarge habitait le Glandier, département de la Corrèze ; il y exploitait des forges, et possédait une fortune immobilière considérable ; sa famille était honorable ; son père, mort depuis plusieurs années, avait rempli longtemps les fonctions de juge de paix du canton du Vigeois. Doué de qualités attachantes, susceptible de sentiments tendres et généreux, il était aimé de ceux qui l'entouraient.

Marié une première fois, il avait eu la douleur de perdre sa femme. Jeune encore, il sentit le besoin de chercher de nouvelles et douces affections ; il désirait aussi trouver, dans la dot d'une seconde épouse, les moyens de donner à son industrie plus de développement et d'activité.

Cette pensée d'un nouveau mariage le conduisit à Paris, au mois d'août 1839 ; quelques difficultés s'offrirent à lui, mais bientôt il fut mis en rapport avec un sieur Defoy, qui lui proposa d'épouser Mlle Marie Cappelle. Marie Cappelle, à peine âgée de vingt-quatre ans, née dans une famille honorable, avait reçu une éducation distinguée. Orpheline depuis plusieurs années, elle avait dû à cette situation et à l'intérêt qu'inspiraient son âge, sa position de fortune, les grâces de sa personne et la vivacité de son esprit, de devenir l'objet de la sollicitude affectueuse et de l'amitié la plus tendre de personnes placées dans un rang élevé. Tant d'avantages apparents durent séduire le sieur Lafarge.

Les parents de Marie Cappelle prirent quelques renseignements sur la position du sieur Lafarge, et peu de jours s'étaient écoulés que le mariage fut célébré. Dans la nuit suivante, les époux quittèrent Paris pour se rendre au Glandier, où ils arrivèrent le 15 août 1839. Charles Lafarge était dans la joie et se promettait le plus heureux avenir ; mais ses illusions durèrent bien peu. Le jour même de son arrivée au Glandier éclata une scène aussi imprévue qu'affligeante. Marie Cappelle s'enferma dans sa chambre, et là elle écrivit à son mari la lettre la plus étrange, où le dévergondage de la pensée ne le cède qu'au cynisme des expressions par lesquelles, se flétrissant elle-même, elle révèle à son époux toutes les mauvaises passions dont elle est agitée.

Elle sera adultère malgré elle et malgré son époux ; elle lui demande de la sauver ; elle veut fuir, aller à Smyrne ; elle a pris du poison pendant le voyage ; elle parle encore de suicide, d'empoisonnement. Telles sont quelques-unes des pensées contenues dans cette lettre. Ainsi s'évanouissaient tous les rêves de bonheur d'une malheureuse famille ! Quel parti prendre ? On appelle quelques amis, on leur confie les chagrins dont on était dévoré, et on reçoit d'eux le conseil d'essayer, par de bons procédés, des soins, des témoignages d'affection, de surmonter cette mauvaise nature et de ramener cette femme à des sentiments meilleurs. Ces conseils furent suivis, et bientôt il sembla que Marie Cappelle n'avait plus le même éloignement pour son mari. Bientôt même elle paraît avoir pour lui une vive amitié. Ce changement si prompt excita bien quelque surprise ; on fut peu disposé à croire à la sincérité de ces nouveaux sentiments.

Cependant Lafarge s'était empressé de confier à sa femme ses secrets et de l'initier à la connaissance de ses affaires ; il avait pris plaisir à l'entretenir de ses projets et de ses espérances pour l'avenir ; il lui avait révélé qu'il avait fait une découverte importante pour la fabrication du fer, découverte qui, dans sa pensée, devait lui procurer des bénéfices énormes. Marie Cappelle en fut vivement préoccupée ; elle douta d'abord, elle le dit elle-même dans une de ses lettres ; mais bientôt (elle le dit aussi dans la même lettre) elle fut convaincue des avantages immenses de l'application de ce procédé nouveau. « Ce ne sont pas, disait-elle, des machines immenses, compliquées ; les frais d'établissement sont presque nuls. » Et elle ajoute que l'application de ce procédé doit lui procurer une fortune considérable.

Au milieu de ces brillantes espérances, Marie Cappelle parut redoubler de tendresse pour son mari. Celui-ci, pour mettre en œuvre sa découverte, avait besoin d'un brevet d'invention et de capitaux suffisants. Il crut obtenir ces deux choses à Paris et résolut de s'y rendre. Sa femme l'encourageait dans cette idée.

Quelques jours avant son départ, Marie Cappelle éprouva de violents spasmes qui furent pour le sieur Lafarge l'occasion de lui prodiguer des soins empressés. Marie Cappelle, exagérant l'importance de ces soins, dit que, dans cette circonstance, elle devait la vie à son mari, et que, pour lui témoigner combien elle en était touchée, elle voulait faire un testament en sa faveur.

A son tour le sieur Lafarge se hâta de lui donner la même preuve d'affection ; il lui remit un testament par lequel il disposait envers elle de tout ce qu'il laisserait à son décès. Marie Cappelle transmit tout de suite cette pièce à Mᵉ Legris, notaire à Soissons. Ce fait a eu lieu le 28 octobre 1839.

Dès ce moment, Marie Cappelle arrêta sa pensée de recouvrer son indépendance par la mort de son mari, dont elle recueillerait la succession.

Pendant le séjour du sieur Lafarge à Paris, la correspondance la plus tendre s'établit entre les époux.

Chaque jour Marie Cappelle recevait de son mari ou lui adressait elle-même des lettres pleines des expressions d'un *amour passionné*.

Ils se peignaient mutuellement tout leur chagrin d'être éloignés l'un de l'autre; ils appelaient de tous leurs vœux le moment où devait cesser cette douloureuse séparation.

En même temps Marie Cappelle s'entretenait avec soin de l'objet de son voyage, elle lui indiquait les démarches à faire pour obtenir le résultat qu'il s'était promis, elle le pressait d'agir et se montrait impatiente d'obtenir le brevet qu'il était allé solliciter. Cette correspondance se continua dans les mêmes termes jusque vers le milieu du mois de décembre. A cette époque, il devint certain que Lafarge allait obtenir le brevet tant désiré, et duquel on attendait de si beaux résultats. Ce fut alors que Marie Cappelle pensa que le moment était venu d'accomplir ses projets. Le 12 décembre, sous le prétexte de détruire les rats qui l'incommodaient, elle fit acheter de l'arsenic chez le sieur Eyssartier, pharmacien à Uzerche.

A la même époque, elle exprima le désir d'envoyer son portrait à son mari. Elle voulait aussi lui envoyer des gâteaux faits au Glandier. Ils devaient être préparés par sa belle-mère, qui n'hésita pas à se prêter à cette singulière fantaisie. Ces gâteaux furent faits, retirés du four et portés dans la chambre de Marie Cappelle.

Celle-ci plaça dans une caisse divers objets, et notamment son portrait, une montre, des souliers, de la musique, des marrons et d'autres choses encore. Enfin elle dut y placerr dans une petite boîte séparée, quelques-uns des gâteaux que sa belle-mère avait préparés. Elle a constamment affirmé qu'elle y avait mis au moins quatre de ces gâteaux, qu'on appelle choux et qui sont d'une petite dimension, et l'instruction a fait connaître qu'elle y en avait placé un d'une forme et d'une nature différentes.

La caisse faite fut portée le soir même par un domestique à Uzerche, d'où elle devait être transportée à Paris par la diligence du lendemain. Il est remarquable que Marie Cappelle exprima à sa belle-mère le désir qu'un billet écrit de sa main, et par lequel elle annonçait à son fils que c'était elle-même qui avait fait les gâteaux, fût mis dans la caisse; ce qui eut lieu.

Marie Cappelle avait annoncé à son mari l'envoi de son portrait et des gâteaux. La lettre qu'elle lui adressa n'a pas été retrouvée, mais la justice a saisi deux lettres écrites par Lafarge, et dans lesquelles il en est question. On y trouve la preuve des étranges recommandations qu'elle faisait à son mari relativement à ces gâteaux.

Ainsi il en résulte qu'elle lui recommandait de manger

ce délicieux gâteau le 18 au soir, à minuit, annonçant qu'elle-même, le même jour et à la même heure, ferait au Glandier un repas semblable et s'unirait ainsi par une pensée commune en l'accomplissement d'un fait identique.

Elle ajoutait qu'il ne devrait en faire part à aucune autre personne qu'à sa sœur, qui alors était enceinte et absente de Paris, puisque aucune des nombreuses lettres de Lafarge ne constate qu'elle s'y trouvait.

Que se passe-t-il à Paris à l'arrivée de cette caisse? Le 18 décembre, Lafarge, impatient, se rend au bureau des Messageries, et, après quelques difficultés, à neuf heures du soir environ, la caisse lui est remise, et il l'emporte à son hôtel. Un heureux hasard a voulu que Lafarge n'ouvrît pas lui-même cette caisse; il en confia le soin au domestique de l'hôtel, qui en retira avec précaution et un à un tous les objets qu'elle contenait.

Cet homme, qui a été entendu plusieurs fois, a constamment déclaré, avec les détails les plus minutieux, quels étaient les objets trouvés dans la caisse, et toujours il a affirmé que la petite boîte qui y était placée ne contenait qu'un seul gâteau d'une forme ronde, ayant six ou sept pouces de circonférence, deux ou trois pouces d'épaisseur, large, a-t-il dit, comme une petite assiette, et d'une couleur dorée. Il a remarqué que la croûte des bords était dure, tandis que celle du dessous était molle; ce qui lui fit présumer que l'intérieur était de même nature.

Il a ajouté que non-seulement il avait touché, examiné ce gâteau, lorsqu'il le retira de la boîte et le débarrassa du papier dont il était enveloppé, mais encore qu'il resta sur une commode, que lui même le plaça dans une armoire, où il est demeuré jusqu'au départ de Lafarge, époque à laquelle il le jeta dans les balayures de l'hôtel.

Il a dit encore que, s'il y avait eu plusieurs gâteaux, nécessairement il les aurait vus, et enfin qu'il ne fut pas excité le moins du monde à en manger, soit avant, soit après le départ de Lafarge.

Telle a été la déposition précise, circonstanciée, souvent répétée et toujours persévérante de ce témoin. Elle est en contradiction manifeste avec les déclarations de l'accusée, qui a constamment soutenu qu'elle n'avait envoyé à Paris que quelques-uns des tout petits gâteaux que sa belle-mère avait préparés. Le témoin a ajouté que Lafarge, au moment où le gâteau fut retiré de la caisse, brisa un très-petit morceau de la croûte et le mangea, en disant : « C'est ma femme qui m'envoie cela. »

Ces faits s'accomplirent dans la soirée du 18 décembre. Les feuilles des messageries constatent que c'est bien ce jour-là que la caisse arriva et fut remise à Lafarge. Bientôt Lafarge, resté seul, éprouva, pendant toute la nuit du 18 au 19, des coliques et des vomissements fréquents. Il fut très-souffrant, et garda le lit pendant la journée du lendemain. La date certaine de cette indisposition est établie par les livres de l'hôtel, qui prouvent que ce fut bien ce jour-là, 19 décembre, que lui furent fournies quelques boissons, telles que du thé et de la limonade cuite.

Il est certain aussi qu'elle n'eut lieu qu'après la réception de la caisse; car le domestique remarqua que, pendant qu'il était au lit, Lafarge tenait sans cesse à la main le portrait de sa femme.

A son lit de mort, et pendant les derniers instants de son agonie, le malheureux a raconté au médecin Lespinasse l'envoi du gâteau et son indisposition ; de telle sorte que ce médecin comprit que le premier de ces faits avait dû précéder l'autre.

Pendant que ces faits extraordinaires s'accomplissaient à Paris, Marie Cappelle exprimait au Glandier des craintes singulières et d'inexplicables prévisions.

Une lettre de son mari lui avait appris qu'il éprouvait une violente migraine, et cette nouvelle paraissait lui causer les plus vives inquiétudes. Elle disait qu'elle ne voulait pas en parler à sa belle-mère, ajoutant que, si son mari devenait plus malade, elle s'empresserait, sous un prétexte qu'elle indiquait, d'aller à Paris pour le soigner. Elle envoyait à Uzerche pour savoir s'il y avait des lettres à son adresse ; elle exprimait la crainte d'en recevoir une qui portât un cachet noir. Un jour, ce qu'elle ne faisait jamais, elle quitta la table pour aller au-devant de celui qui portait les lettres, impatiente de s'assurer s'il y en avait une qui vînt confirmer les sinistres pressentiments dont elle se disait tourmentée.

Ces premiers faits seront pour le jury l'objet des plus graves méditations.

Lafarge, quoique doué d'une constitution robuste, n'était pas complétement rétabli de cette première indisposition lorsqu'après avoir obtenu son brevet d'invention il partit de Paris et arriva le 3 janvier 1840 au Glandier, où bientôt l'empoisonnement devait être achevé.

Marie Cappelle se montra pleine d'empressement à fêter le retour de son mari. On la vit quitter le lit où elle était couchée pour aller au-devant de lui avec des démonstrations de tendresse.

Cependant Lafarge était souffrant; il se mit au lit, se leva pendant quelques instants et se recoucha bientôt. Le soir on apporta à Marie Cappelle, dans sa chambre, les débris d'une volaille avec quelques truffes. Son mari fut invité par elle à en manger quelques-unes, ce qu'il fit; mais presque aussitôt il éprouva des coliques, des vomissements, et dès lors se manisfestèrent, pour ne plus cesser, les symptômes violents de l'empoisonnement.

On appela le médecin Bardon; mais il ne soupçonna pas la cause du mal, et prescrivit des remèdes qui ne pouvaient avoir aucune efficacité.

Marie Cappelle supportait impatiemment que d'autres personnes qu'elle s'empressassent à donner des soins à son mari. Elle cherchait à éloigner de l'appartement de ce malheureux tous les membres de sa famille, même sa mère; et cette pauvre femme eut avec elle à ce sujet une discussion très-vive en présence du médecin Bardon.

Cependant la maladie faisait des progrès alarmants; les vomissements devenaient incessants; Lafarge éprouvait de cruelles angoisses; il ressentait à la gorge une ardeur douloureuse, des coliques violentes déchiraient ses entrailles, et bientôt la frigidité de son corps, l'interruption presque complète de la circulation du sang, les battements du cœur devenus rares et peu sensibles annonçaient une fin prochaine.

Pendant ce temps, et en présence de ce spectacle douloureux, Marie Cappelle mettait ses soins à se procurer une grande quantité de poison.

On a déjà vu que, le 12 décembre, peu de jours avant l'envoi du gâteau, fait à Paris, elle s'était procuré de l'arsenic sous le prétexte de détruire les rats ; plus tard, depuis le retour de Lafarge, elle en avait obtenu au moyen d'une note mise au bas de la prescription du médecin. Ce fait eut lieu le 15 janvier. A la même époque, elle en faisait demander chez un pharmacien de Lubersac, qui avait refusé de le livrer. Plus tard encore elle avait chargé un sieur Denis, employé dans l'usine, de lui en acheter, et Denis, pressé par elle, après l'avoir gardé pendant quelques jours, par suite d'une inquiétude qu'il éprouvait, avait fini par le lui remettre le 10 du mois de janvier. Il est remarquable qu'en lui donnant cette commission Marie Cappelle lui avait recommandé le secret.

C'était toujours sous le prétexte de détruire les rats qu'elle se procurait ces masses énormes d'arsenic. Un jour elle racontait gaiement à son mari qu'elle en avait assez pour tuer une armée de rats. Le 11 janvier, lendemain du jour où Denis lui remit l'arsenic qu'il avait acheté, diverses circonstances vinrent enfin exciter des soupçons au sein de la famille Lafarge.

Dans la matinée, et lorsqu'elle était encore au lit, Marie Cappelle demanda qu'on lui fît un lait de poule. Il fut préparé par la dame Buffière, sa belle-sœur, qui le lui porta, et elle le but. Lafarge, auquel sa sœur demanda s'il serait bien aise d'en prendre, en exprima le désir; mais Marie Cappelle l'avait bu, et il dit alors qu'il fallait en faire un autre.

Elle-même voulait le préparer, quoique au lit. Cependant ce fut la dame Buffière qui en prit le soin et le porta dans la chambre de son frère. Dans cet instant il reposait, et alors on mit le lait de poule dans une tasse qui fut placée elle-même dans un bol rempli d'eau tiède.

A peine ces dispositions étaient-elles faites que la femme de chambre de l'accusée vint prendre le lait de poule et le porta dans la chambre de sa maîtresse. Il y fut placé sur la table de nuit, près de son lit. Dans le même appartement se trouvait la demoiselle Brun. Elle était encore au lit et se disposait à se lever lorsqu'elle vit Marie Cappelle mettre dans la tasse qui contenait le lait de poule une poudre blanche contenue dans un morceau de papier, et la délayer avec le doigt.

Dans cet instant, la porte par laquelle on communiquait de la chambre de l'accusée à celle de son mari s'ouvrit, et sa belle-mère parut. Marie Cappelle s'empressa de déposer la tasse sur la table de nuit. Sa belle-mère s'étant retirée, elle délaya de nouveau avec le doigt la poudre qu'elle y avait mêlée.

La demoiselle Brun, témoin de ces faits, lui demanda ce qu'elle avait mis dans la tasse, et elle répondit qu'elle y avait mis de la fleur d'oranger. Peu satisfaite de cette réponse, elle insista; mais Marie Cappelle feignit de ne pas entendre et ne répondit pas. Le lait de poule fut alors porté dans la chambre de Lafarge; mais il refusa de le prendre, et on le plaça sur la cheminée.

Ce fut alors que la demoiselle Brun fit remarquer à sa surface une matière blanche non dissoute, et qu'elle en fit l'observation aux personnes présentes. On examina; le médecin lui-même fut interrogé; mais il répondit que c'était peut-être du blanc d'œuf, ou de la chaux, et on n'y attacha pas au premier instant une importance plus grande; seulement, la dame Buffière en ayant jeté la plus grande partie dans la cheminée, on vit au fond de la tasse une matière blanche et de la même nature que celle qu'on avait aperçue à la surface.

Cependant on ne s'en préoccupa pas autrement, et ce ne fut que lorsque la demoiselle Brun eut rendu compte des faits qui s'étaient passés le matin que l'on conçut quelques inquiétudes. On en fit part à Lafarge, qui exigea que le reste du lait de poule fût porté au sieur Eyssartier, pharmacien, qui l'examina, fit quelques expériences, y reconnut la présence de l'arsenic, mais se contenta de dire qu'il fallait que Lafarge n'accceptât de boisson que de personnes auxquelles il pourrait donner toute sa confiance.

Plus tard le résidu de ce lait de poule a été soumis à l'analyse, et les médecins et chimistes auxquels cette opération a été confiée ont constaté qu'il contenait de l'acide arsénieux. Ces faits avaient lieu le 11 du mois de janvier. Le même jour on dut s'occuper de préparer à Lafarge une autre boisson; elle se composa d'une petite quantité de vin mêlée avec de l'eau, du sucre, et un peu de pain.

Marie Cappelle était seule dans la chambre du malade

avec mademoiselle Brun, qui travaillait près de la cheminée; cette jeune personne la vit prendre le verre qui contenait la boisson dont nous venons de parler, se diriger vers une commode dont elle ouvrit le tiroir supérieur, et alors elle entendit le bruit occasionné par le contact d'une cuiller avec un vase qu'elle supposa placé dans l'intérieur de la commode. Il lui parut aussi que l'accusée mêlait une substance quelconque à la boisson destinée à Lafarge. Cette opération faite, celle-ci s'approcha du lit du malade et lui en présenta dans une cuiller. Lafarge ayant bu s'écria : « Ah! Marie, que me donnes-tu là? ça me brûle. — Ce n'est pas étonnant, dit Marie Cappelle en s'adressant à la demoiselle Brun, on lui donne du vin, et il a une inflammation. »

Cependant la demoiselle Brun s'étant approchée de la commode y remarqua une légère traînée de poudre blanche, et aperçut dans le tiroir un petit pot contenant une substance semblable. La poudre répandue sur la commode, ainsi que celle que le pot contenait, ont été recueillies et livrées à l'examen des chimistes, qui ont reconnu que ce n'était autre chose que de l'arsenic.

La boisson destinée à Lafarge a été également soumise à l'analyse ; on a reconnu la présence de l'acide arsénieux.

Ce fut le même jour que la demoiselle Brun remarqua sur une table et dans la chambre de Lafarge un verre qui contenait une très-petite quantité d'eau, et dans laquelle était une poudre blanche. Marie Cappelle, à laquelle elle demanda ce que c'était, répondit « que c'était de la gomme; » et comme ce témoin lui fit observer que la gomme se dissolvait, elle ajouta qu'elle allait boire dans ce verre, ce qu'elle parut faire effectivement, après y avoir mis beaucoup d'eau. Dans la nuit qui suivit, Marie Cappelle éprouva des coliques et quelques vomissements. Remarquons qu'à cette même époque Marie Cappelle affectait de faire habituellement usage de gomme, et d'en mêler à toutes ses boissons. Dans une autre occasion, et pendant que la mère de Lafarge, occupée à donner ses soins à son fils, aperçut Marie Cappelle mêlant une poudre blanche à une potion qui lui était destinée, l'accusée profita d'un instant où elle pensait n'être pas aperçue par cette malheureuse femme, s'approcha du malade et lui en fit prendre une cuillerée.

Sa belle-mère lui ayant demandé ce qu'elle avait mêlé à cette potion, elle répondit, comme elle le faisait souvent, que c'était de la gomme, et en même temps elle s'empressa d'essuyer la cuiller avec soin et la replaça sur la cheminée. Avant que cette cuiller fût ainsi essuyée, la dame Lafarge mère avait remarqué une substance blanchâtre et semblable à celle qu'on avait aperçue dans le lait de poule.

Ce n'était pas seulement dans les boissons du malade que l'arsenic était mêlé avec une audace inconcevable ; il avait paru nécessaire de lui faire des frictions avec de la flanelle : un morceau de cette étoffe fut remis à cet effet par Marie Cappelle, et on s'en servit non-seulement pour opérer ces frictions, mais encore en l'appliquant sur la poitrine du malade, après y avoir mis du laudanum et de l'huile d'olive.

La dame Lafarge mère remarqua que le tissu de cette flanelle était couvert d'une substance qu'elle a désignée par cette expression, *un corps raboteux;* elle le secoua, et il en tomba une poudre blanche. Cette flanelle, livrée à l'examen des chimistes, a été soumise à des expériences dont le résultat a constaté d'une manière certaine qu'elle contenait de l'acide arsénieux. C'est ainsi que le malheureux Lafarge, en proie à des douleurs atroces, périssait victime d'un crime horrible, en présence de sa mère, de sa sœur, du médecin, qui tous, effrayés des ravages de cette maladie cruelle, stupéfaits de ses terribles phénomènes, luttaient contre le soupçon qui envahissait leurs âmes, parce que leur raison, leur cœur, une sorte de pudeur même reculaient d'épouvante devant la vraisemblance, quand on songeait aux liens sacrés qui unissaient l'empoisonneuse à la victime. Cependant, le 13 janvier, le docteur Lespinasse fut appelé; mais il n'y avait plus alors aucune espérance de conserver la vie à Lafarge : la circulation était à peine sensible ; le cœur n'avait plus que des battements irréguliers; des vomissements continuels, des hoquets fréquents, des syncopes réitérées, une froideur glaciale répandue sur tout le corps étaient des signes certains d'une mort prochaine. Lespinasse n'hésita pas à déclarer que Lafarge succombait à l'action du poison. Il en avertit ce malheureux, qui lui dit : « Quoi ! vous croyez ? Faites des recherches; tâchez de découvrir : je poursuivrai ! »

Ce fut alors au sein de cette famille une douleur déchirante. On vit la pauvre mère de Lafarge se précipiter sur le corps presque inanimé de son fils, l'arroser de ses larmes, et au même instant on l'entendit s'écrier avec un sentiment d'horreur : « Dieu ! qu'est-ce que je vois ! » Elle avait aperçu Marie Cappelle appuyée près du chevet du mourant.

Elle avait la figure pâle, les mains jointes ; quelques larmes semblaient rouler sous ses paupières ; elle paraissait absorbée dans de profondes réflexions. Cependant Lafarge, à la suite d'une syncope qui avait paru devoir terminer sa vie, se ranima un peu et dit à sa mère, dont il entendait les sanglots : « Tu me fais mal ; va-t'en. » On l'entraîne hors de la chambre, où il ne reste que Lespinasse et Marie Cappelle.

Bientôt Lafarge fait entendre ces mots : « Aména, à boire ! » Il désignait ainsi sa sœur. Marie Cappelle se hâte de lui présenter de l'eau, et Lafarge ouvre les yeux, boit ; mais aussitôt un sourire sardonique effleure ses lèvres, et, par un mouvement de la tête et du corps, il exprime à Lespinasse le sentiment affreux dont son âme est remplie.

Marie Cappelle se retira, et dès cet instant elle ne reparut plus dans la chambre de son mari.

Le lendemain, à six heures, Charles Lafarge avait rendu le dernier soupir.

L'autopsie fut faite ; l'estomac et les liquides qu'il contenait ont été conservés avec soin, soumis à l'analyse. L'acide arsénieux y a été retrouvé d'une manière certaine. Il restait un fait important à vérifier. On a vu que, le 12 décembre 1839 et le 10 janvier 1840, Marie Cappelle s'était fait remettre de l'arsenic : elle ne l'a pas nié ;

seulement elle a toujours soutenu qu'il avait été employé ou devait l'être à faire une pâte destinée à détruire les rats. Cependant une partie de cette pâte a été retrouvée ; on a recherché quelle était la substance dont elle se composait, et il a été vérifié qu'elle ne contenait point d'acide arsénieux.

L'instruction a encore constaté que, lorsque l'arsenic qui fut apporté le 10 janvier par le sieur Denis eut été remis à Marie Cappelle, elle feignit de le remettre à Clémentine Servat, sa femme de chambre, afin qu'elle préparât de la pâte pour les rats, et qu'en lui remettant le paquet qui semblait contenir de l'arsenic elle lui avait recommandé de prendre les plus grandes précautions, lui signalant cette substance comme extrêmement dangereuse, à ce point que cette fille en fut effrayée et n'osa pas en faire l'usage qui lui avait été prescrit. Eh bien, le paquet remis à Clémentine Servat fut, après la mort de Lafarge, enfoui dans le jardin où il a été trouvé depuis, et l'examen de la substance qu'il contenait a démontré qu'elle n'était autre chose que du bicarbonate de soude. Qu'est alors devenu l'arsenic acheté les 5 et 10 janvier? Le jury appréciera si la mort de Lafarge, les souffrances cruelles qui l'ont précédée, sa longue et douloureuse agonie, la présence du poison dans les entrailles de ce malheureux, ne sont pas une preuve éclatante de la destination qu'il a reçue. Interrogée sur ces faits, Marie Cappelle a soutenu qu'elle n'avait envoyé à son mari que quelques-uns des petits gâteaux que sa belle-mère avait préparés. Elle est convenue que, dans les mois de décembre et de janvier, elle avait fait plusieurs fois acheter de l'arsenic, déclarant qu'elle ne voulait s'en servir que pour détruire les rats ; elle a ajouté que la substance qu'on l'avait vue mêler aux boissons de son mari n'était que de la gomme, et qu'il lui était du reste impossible d'expliquer la présence de l'arsenic dans ces boissons. Tel est le tableau, qu'on s'est efforcé d'abréger, des faits de l'accusation. Mais la justice, en recueillant les preuves de l'empoisonnement, devait aussi rechercher la vie antérieure de Marie Cappelle ; l'intérêt de la société et celui de l'accusée commandaient d'examiner si, dans son caractère et sa conduite avant son mariage, on pouvait trouver l'explication de son crime. L'instruction, sous ce rapport, a amené des résultats inattendus.

Dans une lettre qui fait partie des pièces, et qui remonte déjà à une date ancienne, une de ses tantes lui reprochait sa disposition à l'intrigue et sa dissimulation, dès lors profonde, en termes pleins de tendresse et avec une juste sévérité. « Dans la première lettre que tu m'as écrite, tu m'as fait encore des mensonges, lui disait-elle, et je n'en ai pas été dupe. Il me faut peu de chose pour me mettre au courant, et maintenant tu me tromperas difficilement. Il y a longtemps que Paul t'a connue, et avec lui je te défends encore comme si tu avais été toujours ce que tu devais être. Je te pardonne avec la condition que cela n'arrivera plus ; tu me l'as juré : j'y compte. » Ailleurs, et dans la même lettre, elle lui reproche de louer avec affectation certaines choses pour qu'on lui en fasse cadeau. Elle lui dit encore : « Tu flattes tout le monde, tu caresses tout le monde : ce n'est pas de la franchise. Je voudrais que ton esprit te servît à ne pas être fausse, adroite, mais bonne, simple, aimable. Tu es encore ce que tu étais autrefois; moi qui espérais tant t'avoir changée! Souviens-toi que les personnes à double parole se font aimer d'abord, et ensuite détester quand on les connaît. Au lieu de rêver à beaucoup de choses inutiles, rêve à te corriger. »

Une lettre de M. le préfet de police de la Seine, du 31 janvier dernier, à M. le procureur du roi de Brive, signala Marie Cappelle comme soupçonnée d'un vol de diamants d'une valeur considérable, commis en 1839, au château de Busagny, département de Seine-et-Oise, au préjudice de Mme de Léautaud, née de Nicolaï. Le procureur général dut requérir de suite des recherches au Glandier, où les diamants furent retrouvés et saisis. Au premier instant, Marie Cappelle soutint qu'ils lui appartenaient, qu'ils lui avaient été envoyés par un oncle dont elle ne savait pas le nom, auquel les avait remis une tante qu'elle ne connaissait pas davantage, et qu'ils lui avaient été apportés par un conducteur de diligence ou de malle-poste, sur lequel il lui était impossible de donner des renseignements. Les diamants furent reconnus à des signes certains par la famille de Nicolaï, et surtout par le bijoutier qui les avait vendus.

Alors Marie Cappelle, à cette fable, qui n'était qu'absurde, ne craignit pas d'en substituer une qui ne l'était pas moins, mais qui tendait à déshonorer une jeune mère de famille. Elle déclara que ces diamants lui avaient été remis en dépôt par Mme de Léautaud, qui l'avait chargée de les vendre, d'en toucher le prix, et de l'employer à acheter le silence d'un homme qu'elle avait aimé et dont elle redoutait les indiscrétions. Dans ce nouveau système de défense, le débat ne s'agitait plus seulement entre le ministère public et Marie Cappelle; l'honneur d'une famille digne de respect s'y trouvait engagé et demandait justice. Il fallait mettre en présence Marie Cappelle et Mme de Léautaud : le ministère public l'a fait; mais encore Marie Cappelle, en refusant la discussion, a demandé un ajournement. Le tribunal de Brive, ayant décidé que la justification de Mme de Léautaud ne pouvait s'ajourner, a procédé par défaut, il est vrai, mais avec une grande solennité, à une information complète. Un auditoire immense, disons même la France entière, a entendu ou lu cette information. Pour prix du touchant intérêt prodigué à Marie Cappelle, on y a vu que Marie Cappelle, qui prétend aujourd'hui que les diamants lui avaient été confiés pour un usage ignoble, écrivait à Mme de Léautaud, peu de temps après le vol, lui demandant des nouvelles de ses infortunés diamants. Les dépositions de Mme de Léautaud-Nicolaï, de Mme de Montbreton, de Mme de Léautaud, faites avec le calme de la raison, la puissance de la vérité et la dignité de la vertu, ont porté la conviction dans tous les esprits, indépendamment des nombreuses preuves matérielles et morales qui ont surgi de toutes parts. On y a vu enfin, non-seulement que l'homme qu'elle présente comme capable d'une insigne bassesse est un jeune homme d'une éducation brillante, plein de sentiments nobles et élevés, incapable d'une action honteuse, mais encore que ce jeune homme était en Afrique ou au Mexique depuis

1836. Le tribunal de Brive a déclaré Marie Cappelle coupable du vol, et l'a condamnée à deux années d'emprisonnement. Marie Cappelle a fait appel. La justice souhaite, sans l'espérer, qu'elle accepte, devant la Cour d'assises, un débat contradictoire sur un fait qui, bien qu'il semble accessoire à l'affaire principale, n'en a pas moins une importance que tout le monde comprend.

De tous ces faits l'accusation est fondée à conclure que Marie Cappelle, après avoir commencé par un vol ignominieux, suivi, pour le cacher, d'une affreuse diffamation, a fini par un grand crime conçu et préparé avec une profonde dissimulation, exécuté et consommé avec une persévérance et une cruauté atroce et froide dont le cœur humain et les fastes criminels n'offrent heureusement que de très-rares exemples.

En conséquence, Marie Cappelle, veuve Lafarge, est accusée d'avoir, dans les mois de décembre 1839 et janvier 1840, attenté à la vie de Charles-Joseph Pouch Lafarge, son mari, par l'effet de substances susceptibles de donner la mort et qui l'ont effectivement occasionnée, crime prévu et puni par les articles 301 et 302 du Code pénal.

Fait au parquet de la Cour royale de Limoges, le 7 août 1840.

Le procureur général,
Signé DUMONT SAINT-PRIEST.

VIII

La lecture de l'acte d'accusation terminée, M. l'avocat général voulut profiter de toutes les faveurs que lui réserve la loi.

D'ordinaire, dans les affaires compliquées, pour faciliter aux jurés l'intelligence de ce qui va suivre, le ministère public présente un résumé de toute la cause : c'est l'analyse sommaire et rapide des faits reprochés à l'accusé.

On devait donc s'attendre à ce que l'avocat général se renfermerait dans la brièveté de paroles que désire la loi, et surtout qu'il réserverait la discussion pour le moment où tous les éléments du procès auraient été fournis.

Il n'en fut pas ainsi : au mépris de tous les usages, au mépris de la loi, au mépris de l'équité, qui devrait toujours inspirer l'organe de l'accusation, l'avocat général commença par le réquisitoire le plus fougueux. Pas un témoin n'avait été entendu, pas une explication donnée par l'accusée, et déjà le ministère public concluait avec certitude, et s'écriait avec indignation : « Marie Cappelle, vous me faites horreur ; vous êtes une empoisonneuse et une voleuse ! »

A quoi bon des témoins, des défenseurs, des débats ? Le ministère public a parlé cinq heures durant ; M. Decoux vous l'a dit, messieurs les jurés : Marie Cappelle est une voleuse et une empoisonneuse ! Envoyez-la à l'échafaud et passez à une autre affaire !

Rien de plus incroyable ne s'était vu, et la conviction du magistrat ne fera jamais oublier la rudesse et l'injustice de l'homme.

Vous avez réuni une Cour d'assises pour rechercher si l'empoisonnement a été commis ; et avant aucun témoignage, alors que le ministère public comme l'acte d'accusation n'a qu'un soupçon de crime, l'avocat général proteste contre ce doute favorable qui doit protéger quelques heures encore l'accusée et lui dit : « Vous êtes une empoisonneuse ! »

Le tribunal de Tulle a brisé l'œuvre du tribunal de Brive : le jugement correctionnel n'existe plus ; Marie Cappelle n'est qu'une prévenue de vol ; la prévention c'est encore l'innocence ; et le ministère public, qui doit respecter et l'autorité de la chose jugée et cette possibilité d'innocence, oublie justice et humanité dans sa longue accusation pour s'écrier : « Vous êtes une voleuse ! »

Quoi encore ? Il est d'usage que le ministère public finisse son discours par une exhortation aux jurés, pour les inviter à la plus stricte impartialité ; car la conscience de ces hommes doit être prête à croire à l'innocence comme au crime, suivant les preuves qui vont leur en être apportées. Voici comment termine M. l'avocat général :

« Ne communiquez avec personne, je vous en conjure,

messieurs les jurés; ne subissez en dehors de cette enceinte aucune impression qui puisse faire violence à vos convictions, altérer la pureté de votre verdict. Je vous le demande, car avant tout je vous demande d'être justes. Vous ne le seriez pas si vous souffriez les sollicitations de personnes qui entreprendraient de sauver à tout prix une femme *qui ne peut être sauvée.* »

Vous l'entendez, messieurs les jurés, *cette femme ne peut être sauvée ;* vous ne pouvez donc être justes qu'en la condamnant. On ne vous demande qu'une chose : c'est de vous prémunir contre tout ce qui pourrait lui être favorable.

Ces premières paroles donnèrent la mesure de ce que serait l'accusation ; aussi n'y eut-il qu'une voix pour blâmer des attaques si déréglées, et M. Decoux ne trouva pas un défenseur, même dans les journaux les plus défavorables à Marie Cappelle.

Toutes les bizarreries devaient se trouver réunies dans ce procès et le rendre un modèle de persécution. Ce n'était pas assez de tous les témoins de l'affaire criminelle; l'avocat général y avait joint la famille de Nicolaï et la famille de

Léautaud pour déposer de l'affaire des diamants. Quel spectacle! et à quel excès d'injustice se laissait-on entraîner! Voilà des adversaires de Marie Cappelle, des parties civiles, qui sont en procès, qui discutent devant un autre tribunal l'honneur de leur famille, qui déjà dans une autre enceinte ont poursuivi de leurs accusations Marie Cappelle; et ils sont appelés, eux, à venir déposer, sous la foi du serment, sur les faits correctionnels qu'ils ont intérêt à faire constater!

On dit aux jurés: Marie Cappelle a volé des diamants; croyez-en Mme de Léautaud; et on n'attend pas que le tribunal saisi de l'affaire déclare qui a calomnié, de Marie Cappelle ou de Mme de Léautaud!

M. Paillet ne pouvait laisser sans protestation un tel oubli de la pudeur légale; il eut des paroles sévères; non pas qu'il redoutât de s'engager sur l'affaire du vol, mais il ne pouvait souffrir que des parties devinssent témoins, que des intéressés fussent appelés à une déposition partiale, et que Mme Lafarge pût ainsi être livrée à toutes les haines de ceux qui ailleurs n'étaient que ses adversaires.

La Cour n'en jugea pas comme la défense ; esclave du texte de la loi, elle pensa que le ministère public pouvait employer tous les moyens d'accusation, qu'au jury il appartenait d'apprécier, et en conséquence elle maintint Mme de Léautaud et sa famille sur la liste des témoins.

Nous voulons faire un travail aussi complet que possible sur ce procès; sans rapporter dans leur ordre les dépositions des témoins, nous réunirons, pour plus de clarté, chaque fait sous la masse de témoignages qui s'y rapportent. C'est pour ne pas affaiblir l'importance des charges que nous avons inséré tout l'acte d'accusation.

Analysons maintenant les dépositions, et démontrons l'impossibilité du crime qu'on reproche à Marie Cappelle. Mais soyons plus logiques que ne l'a été l'avocat général ; avant de rechercher si elle a commis le crime, assurons-nous qu'un crime a été commis.

Une première question domine toutes les autres :

Lafarge est-il mort empoisonné ?

Ne nous préoccupons pas encore de l'arsenic qu'on prétend avoir trouvé dans Lafarge ; nous examinerons plus tard ce qu'il faut en croire, recherchons seulement, par les signes pathologiques et anatomiques, s'il existe vraiment la possibilité d'une mort par empoisonnement.

Remarquons d'abord que la marche de la maladie, les symptômes qui se sont manifestés, les traces qui ont été retrouvées après l'autopsie offrent autant d'indications précieuses qu'une accusation raisonnée a toujours soin d'interroger. Mais ici on n'a pas pris la peine d'aborder une question si importante : le mot *arsenic* semblait tout-puissant à l'accusation, et, au milieu de ce poison qu'on recueillait de toutes parts, on ne croyait pas nécessaire de rechercher si celui qui était mort avait approché de ses lèvres des breuvages vraiment empoisonnés.

M. Lafarge est-il mort empoisonné par l'acide arsénieux?

Interrogeons les rapports des médecins, leurs dépositions à l'audience ; consultons les traités spéciaux, et comparons les symptômes qui s'observent chez les malades victimes de ce poison avec ceux observés chez Lafarge.

Nos autorités ne sont pas suspectes : la preuve est si facile contre l'accusation que nous la demandons même à ses appuis. C'est à M. Orfila, de fatale mémoire, que nous nous adresserons; et, dans un tableau, nous rapprochons les dépositions des médecins appelés dans l'affaire Lafarge avec les caractères de l'empoisonnement donnés par M. Orfila.

DÉPOSITIONS DES MÉDECINS APPELÉS DANS L'AFFAIRE LAFARGE.	CARACTÈRES DE L'EMPOISONNEMENT DONNÉS PAR M. ORFILA.
M. BARDON, médecin de M. Lafarge, dit : La face du malade était colorée. Il vomissait souvent. Le pouls était calme	M. ORFILA dit le contraire.
M. le docteur JULES QUENTIN DE LESPINASSE, appelé huit jours après M. Bardon, dit : Constriction à la gorge; ardeur et douleur dans cette partie; à l'inspection de la gorge, le fond paraît rouge et enflammé.	*Constriction du pharynx* et *de l'œsophage.*

DÉPOSITIONS DES MÉDECINS APPELÉS DANS L'AFFAIRE LAFARGE.	CARACTÈRES DE L'EMPOISONNEMENT DONNÉS PAR M. ORFILA.
L'épigastre et l'abdomen sont souples et peu sensibles à la pression.	M. ORFILA dit précisément le contraire.
Des vomissements incessants et des hoquets fatiguent le malade.	*Nausées, vomissements.* M. ORFILA ajoute : matières brunes ou sanguinolentes; *hoquets.*
Je sentis toutes les extrémités froides . . .	M. ORFILA dit le contraire.
La circulation était à peine sensible. . . .	M. ORFILA dit le contraire.
Les battements du cœur étaient irréguliers.	*Anxiété précordiale.*
Syncopes réitérées auxquelles succédaient une agitation continuelle et un fourmillement dans les membres.	*Syncopes.*

Et maintenant résumons les contradictions.

M. Bardon a trouvé le pouls calme; M. Orfila, au contraire, dit que le pouls est fréquent, petit et irrégulier.

M. Lespinasse constate que l'épigastre et l'abdomen sont souples et peu sensibles à la pression; M. Orfila, au contraire, trouve des douleurs vives au creux de l'estomac, au point que le malade ne peut supporter les boissons les plus douces.

M. Lespinasse a reconnu que chez Lafarge les extrémités étaient froides; M. Orfila signale une chaleur brûlante de la peau.

M. Lespinasse, en parlant de la circulation, dit qu'elle était à peine sensible; M. Orfila indique les palpitations de cœur.

Qu'on lise bien ceci, et qu'on nous dise maintenant s'il est démontré que Lafarge soit mort victime d'un empoisonnement!

Plusieurs symptômes se retrouvent à peu près les mêmes dans les deux colonnes de notre tableau ; mais s'ils appartiennent aux symptômes de l'empoisonnement, on les retrouve aussi dans les symptômes des maladies nerveuses, épileptiques et cérébrales.

A quelle maladie Lafarge a-t-il donc succombé ? Certains faits du procès sont précieux, et nous portent à croire que Lafarge était épileptique ; on se souvient de cette scène d'Uzerche, durant laquelle Lafarge fut saisi de convulsions si étranges. M. Coinchon de Beaufort, son beau-père, entendu comme témoin, a rapporté de nouvelles circonstances.

« M. Lafarge, dit-il, après son mariage avec ma pauvre fille, fut voir ma famille à Moulins ; il eut une attaque si forte qu'il demandait un couteau, un canif, pour se saigner. »

Plus loin : « Un jour, ma fille accourut dans ma chambre et me dit : « Papa, papa ! » — Elle avait l'air bien affligé et bien effrayé. Je lui

demandai ce qu'elle avait ; elle me répondit :
« Je vous en prie, n'en parlez pas à Charles ; je voulais vous appeler, il ne l'a pas voulu. »

Voilà des particularités graves, qui dénotent chez Lafarge une prédisposition dont il faut tenir compte. Si nous recherchons dans les ouvrages d'auteurs célèbres, MM. Lallemand, Bouillaud, Cama, Roche, Sanson, Bayle, les signes des affections cérébrales épileptiques, nous pouvons résumer les symptômes observés par eux dans une colonne générale. En plaçant en regard les symptômes observés chez Lafarge, nous trouvons le rapprochement suivant :

Symptômes de la maladie de Lafarge, enregistrés par MM. Bardon et Lespinasse.	*Symptômes généraux de l'arachnitis de l'encéphalite et de la commotion cérébrale, d'après les auteurs que nous venons de citer.*
Face colorée, vomissements fréquents, pouls calme ; constriction à la gorge, ardeur et douleur dans cette partie ; à l'inspection de la gorge, le fond paraît rouge et enflammé. L'épigastre et l'abdomen souples et peu sensibles à la pression ; hoquets ; extrémités froides ; circulation à peine sensible ; battements du cœur irréguliers ; syncopes réitérées, puis agitation continuelle et fourmillement dans les membres.	Prostration subite des forces, défaillances ; pouls faible, calme et régulier ; mouvements spasmodiques partiels ou généraux ; vomissements ; réponses vagues ou incohérentes, ou articulées avec peine ; engourdissement ou fourmillement dans les membres. Dans l'épilepsie, qui est aussi une maladie nerveuse, il y a constriction à la gorge, répugnance pour les aliments et les liquides, extrémités froides.

Il y a des accès épileptiformes sans perte de connaissance ; ne serait-ce pas dans les prodrômes d'un accès, c'est-à-dire dans l'*aura epileptica*, que le défunt aurait demandé un couteau ou un canif pour se saigner? C'est qu'en effet cette opération peut arrêter la suite de la crise ; les épileptiques ne l'ignorent pas.

Il existe une parité trop frappante entre ces deux cadres de signes pathologiques pour qu'il soit besoin d'établir ici les rapports que nous avons signalés dans le premier tableau.

Que reste-t-il déjà de démontré sans réplique?

Que Lafarge avait souvent des attaques nerveuses se rapprochant de l'épilepsie.

Que démontrent les symptômes examinés dans sa maladie?

Rien autre chose que les signes observés chez les malades épileptiques.

Que devrait prouver l'accusation?

Que Lafarge est mort empoisonné, et que les symptômes et la maladie le constatent.

Qu'établit-elle?

Que les symptômes observés ne sont pas ceux de l'empoisonnement par l'arsenic; plus encore, qu'ils sont contraires à ceux remarqués ordinairement.

Mais ce n'est pas tout.

Les symptômes de la maladie manquent à l'accusation ; elle n'a même pas pour elle l'avis des médecins qui ont soigné Lafarge. MM. Bardon et Massénat n'ont pas cru à l'empoisonnement durant la maladie : ils le déclarent ; les symptômes observés par eux rattachaient cette indisposition à la maladie que nous supposons.

Un seul médecin, M. Lespinasse, prévenu à l'avance que Lafarge meurt empoisonné, arrive armé d'un contre-poison, et reconnaît immédiatement l'empoisonnement de Lafarge.

M. Lespinasse eût-il osé, s'il n'avait été averti, pronostiquer cette maladie ?

Non, car les symptômes ne la laissaient pas supposer.

Plus jeune, moins expérimenté que ses deux collègues, il n'eût certes pas, sans une longue observation, résisté à leurs avis. Son opinion, si soudainement faite, n'est donc que la suite d'une imagination frappée ; il a cru à l'empoisonnement parce que Denis le lui a dit, parce qu'on lui a présenté de l'arsenic. Il ne reste à ce débat que comme une triste preuve du danger de certaines préoccupations.

Les deux médecins, seuls compétents, qui ont suivi la maladie, doivent être uniquement consultés ; ils n'ont pas cru à l'empoisonnement.

Les symptômes, durant la vie, sont contraires à l'empoisonnement ; après la mort on a procédé à l'autopsie ; les traces du cadavre viendront-elles au moins au secours de l'accusation ?

Non encore.

Interrogez M. de Laborderie, qui seul a tenu le scalpel ; il vous répondra que les signes constatés sur le cadavre *repoussent* la pensée d'un empoisonnement.

M. Massénat ne peut rien conclure de l'état du corps ; M. Lespinasse lui-même, l'impressionnable M. Lespinasse, n'en tire aucune conviction.

Et si M. Bardon, qui se laisse gagner par la terreur du crime, sent un peu ébranler sa foi à la mort naturelle de M. Lafarge, l'état du corps ne lui apporte pas une opinion certaine.

Mais ce ne sont pas seulement les avis des médecins, c'est le cadavre lui-même, les signes observés dans certains organes, qui, comparés avec les signes ordinaires de l'empoisonnement, protestent contre cette accusation impossible.

Et que ce soit encore M. Orfila qui vienne confondre le ministère public.

« La bouche, le pharynx et l'œsophage ne présentent aucune lésion, » disent MM. les experts; et M. Orfila, dans son ouvrage de *Toxicologie générale*, à l'article consacré aux lésions de tissus produites par l'acide arsénieux, écrit :

« Lorsque l'acide arsénieux a été introduit dans l'estomac à assez fortes doses pour déterminer la mort, on trouve la bouche et l'œsophage phlogosés. »

Les experts : « Le cerveau ne présente aucune lésion appréciable, soit extérieure, soit dans son parenchyme. »

Tous les toxicologistes s'accordent sur ce fait que le cerveau et ses membranes sont fortement engorgés de sang veineux très-noir qui coule aisément à chaque coup de bistouri.

Les experts : « Les cavités droites du cœur contiennent une petite quantité de sang fluide décomposé. »

M. Orfila : « Dans une multitude de circonstances ce fluide se trouve coagulé une ou deux heures après la mort, et constamment il est dans cet état au bout de quinze ou dix-huit heures. »

Les experts : « Le poumon gauche est bien plus léger que le droit ; du reste, pas de lésions notables dans ces deux organes. »

Tous les toxicologistes reconnaissent avec M. Orfila que les poumons sont le siége d'une altération marquée ; ils sont plus ou moins enflammés ; leur couleur est rouge ou violette ; leur tissu serré, plus dense, moins crépitant que dans l'état ordinaire. Les grosses veines de la poitrine, comme le tissu du poumon, sont pleines d'un sang liquide, noir ou bleuâtre.

Ainsi donc les signes observés sur le cadavre se réunissent avec les symptômes de la maladie pour éloigner la pensée d'un empoisonnement ;

la science, d'accord avec la défense, nie la base principale de l'accusation; il n'y a pas de corps de délit, il n'y a donc pas de crime.

Le ministère public demande compte de la mort de M. Lafarge; mais cette mort a été naturelle, et tous les efforts dans les faits de détail se briseront contre cette impossibilité d'une mort criminelle.

Faut-il maintenant rechercher s'il se trouvait de l'arsenic dans le corps de Lafarge? Soit !

Mais posons à l'avance les résultats de cette recherche.

La présence de l'arsenic, si on en trouve, ne fera pas conclure nécessairement à l'empoisonnement; mille circonstances innocentes peuvent l'avoir déterminée; mille moyens frauduleux peuvent être employés pour l'y faire découvrir.

La présence de l'arsenic ne saurait avoir une importance réelle que tout autant que les symptômes remarqués seront identiques à ceux observés dans l'empoisonnement; mais autrement qu'importerait la présence de l'arsenic?

A-t-on trouvé de l'arsenic ?

Ne nous pressons pas de conclure ; résumons rapidement les quatre opérations qui ont été essayées.

La première a eu lieu quelques jours après la mort de Lafarge, par les chimistes de Brive; ils ont opéré sur d'assez petites quantités d'organes. Ne nous préoccupons pas du désordre, de la négligence apportés à la garde des matières qui devaient leur être soumises. Concédons à l'accusation que les organes produits sont intacts, et qu'une main criminelle n'a pas pu s'en approcher.

Quel résultat a-t-on obtenu ?

Les conclusions des experts sont affirmatives sur la présence de l'arsenic ; mais leur procédé a été incomplet ; l'appareil se brise durant leurs travaux. Il eût été prudent, raisonnable, nécessaire, d'essayer de nouveau, afin d'obtenir une certitude qu'ils ne pouvaient avoir ; l'inexpérience ou la préoccupation l'ont emporté, et ils ont signé une conclusion démentie par la science, démentie par les faits.

M. Orfila, toujours M. Orfila, nous fera justice de cette première opération :

Lettre adressée à M. Paillet.

« Monsieur, vous me demandez, par votre lettre du 17 de ce mois, s'il suffit, pour affirmer qu'une liqueur recueillie dans le canal digestif d'un cadavre, ou préparée en faisant bouillir dans l'eau distillée une partie de ce canal, contient de l'acide arsénieux, d'obtenir avec elle et l'acide sulfurique un précipité jaune floconneux, soluble dans l'ammoniaque. Non, monsieur : tous les médecins légistes prescrivent impérieusement de réduire par un procédé quelconque le précipité jaune, et d'en retirer l'arsenic métallique. J'ai longuement insisté dans mes ouvrages sur la nécessité de recourir à cette extraction, et j'ai vivement blâmé ceux qui, ayant négligé de le faire, concluaient cependant à la présence d'un composé arsenical dans les flocons jaunes dont il s'agit.

En 1830, Barruel et moi nous avons exposé, dans le tome III des *Annales d'Hygiène*, une affaire judiciaire dans laquelle vous trouverez la solution de la question que vous m'adressez. Des experts, qu'il est inutile de nommer, élevaient de graves soupçons d'empoisonnement, par cela seul qu'ils avaient obtenu, en traitant certains liquides par l'acide sulfurique, un précipité jaune floconneux, soluble dans l'ammoniaque ; nous reconnûmes que cette prétendue préparation arsenicale jaune ne fournissait pas un atome d'arsenic lorsqu'on cherchait à la réduire, et qu'elle n'était autre chose qu'une matière animale contenue dans la bile. M. Chevalier vient d'insérer dans le dernier numéro du *Journal de Chimie médicale* une note dans laquelle il annonce avoir trouvé deux fois depuis 1830 une substance analogue.

 Agréez, monsieur, etc.   ORFILA. »

 Paris, 20 avril 1840.

M. Massénat ayant, à l'audience du 4 septembre, voulu soutenir encore son opinion sur la présence de l'arsenic prouvée par un précipité jaune floconneux, soluble dans l'ammoniaque, M. Orfila écrivit encore la lettre suivante, qu'il fit insérer dans tous les journaux :

 « Monsieur,

Je lis, dans le numéro d'aujourd'hui de la *Gazette des Tribunaux*, à l'occasion de l'audience du 4 septembre de la Cour d'assises de la Corrèze, deux assertions de M. le docteur Massénat, dont il m'importe de démontrer l'inexactitude. « J'ouvre les livres de M. Orfila, de M. Devergie, « dit ce médecin, et je trouve qu'il est établi en principe « que, toutes les fois qu'un précipité floconneux, jaune se- « rin, est soluble dans l'ammoniaque, la présence de l'arse- « nic est indéniable. » J'ai écrit quatorze volumes sur l'empoisonnement, et je défie qui que ce soit de trouver dans ces ouvrages un seul mot pouvant faire supposer que j'aie imprimé une pareille hérésie médico-légale. M. Devergie n'a jamais rien publié de semblable à ce qu'on lui prête.

M. Massénat se trompe encore lorsqu'il prétend que, dans la conversation qu'il a eue avec moi vers le 20 juin dernier, je lui aurais dit que je trouvais le rapport parfaitement suffisant. Si telle eût été mon opinion, je n'aurais pas adressé à Mᵉ Paillet la lettre qu'il a lue devant la Cour, et dont le contenu ne saurait être contesté.

ORFILA. »

Paris, 7 septembre 1840.

L'opération des chimistes de Brive ne fournit aucune preuve ; il faut l'éloigner du débat.

La deuxième expérience a lieu à Tulle, pendant le procès, par des chimistes de Limoges choisis par l'avocat général, hommes savants et praticiens habiles.

Leur opération n'est pas incomplète comme celle des premiers chimistes ; ils ne se bornent pas à opérer par les anciens procédés si insuffisants quelquefois ; ils interrogent l'appareil de Marsh, cet appareil si merveilleusement subtil qu'il rend un cinq cent millième de grain d'arsenic.

Leur réponse est négative. Aucune trace d'acide arsénieux n'a été trouvée dans les organes de Lafarge.

La défense triomphe ; l'accusation s'irrite : elle accable de questions les chimistes ; leurs réponses sont concluantes, décisives.

Mais les chimistes de Brive résistent à l'évidence, à l'irréfragable vérité de l'appareil de Marsh ; on court chercher le cadavre de Lafarge, on s'en empare, on le soumet à de nouvelles investigations.

Ce ne sont plus les seuls chimistes de Limoges qui opèrent ; les chimistes de Brive se joignent à eux ; tous ils doivent formuler une opinion.

L'appareil de Marsh fonctionne encore ; douze chimistes l'environnent ; tous ceux qui croient avoir trouvé de l'arsenic l'interrogent avec ardeur, lui demandent la confirmation de leur premier rapport si imprudent. Vaine attente ! vains efforts ! l'appareil reste muet ; les chimistes de Brive sont forcés de croire et de nier ; et tous, à l'unanimité, déclarent que le cadavre que l'on a arraché à la terre ne contient pas un atome d'arsenic !

Est-ce assez pour l'accusation ?

Non ; le ministère public ne veut pas être

vaincu; l'évidence brille, il ferme les yeux; la science lui dit, les experts lui répètent que l'appareil de Marsh rend un cinq cent millième de grain; il veut essayer encore et mande des chimistes de Paris.

Mais où s'arrêtera-t-il donc enfin?

Si les experts de Paris lui échappent, s'adressera-t-il à ceux d'Allemagne? sans doute; et jusqu'à ce qu'une main malheureuse obtienne l'atome de ce précieux arsenic, son ardeur ne se ralentira pas.

Trois experts de Paris arrivent: MM. Orfila, de Bussy, Olivier. Les voici à l'œuvre. Victoire à l'accusation! L'appareil de Marsh, jusqu'ici muet, accuse enfin; il apporte au ministère public l'immense témoignage d'un *demi-milligramme* d'arsenic! Et encore comment peser ce qui est impalpable? comment apprécier une couleur, quelques taches éparses sur la porcelaine?

Voilà l'arrêt de mort d'une accusée!

Nous voudrions faire justice par notre mépris

de ce misérable auxiliaire de l'accusation ; mais puisqu'il faut une discussion à tout, combien celle-ci est facile et victorieuse !

Nous avons affaire à une opinion audacieuse sans doute, mais aussi à une ombre, une apparence, une impalpable réalité.

Nous ne sommes pas chimistes, mais faut-il de la science pour lire et opposer M. Orfila à lui-même ?

Soyons généreux : nous prouverons plus tard que rien n'est moins prouvé que l'identité de l'arsenic rapporté par M. Orfila ; mais enfin admettons avec l'accusation que les taches sont bien de l'arsenic.

Rappelons les faits.

Durant quinze jours on a nourri, gorgé Lafarge d'arsenic ; chaque jour sa femme lui versait lentement ce poison et augmentait son agonie ; voici le fait. La conséquence retrouvée par vous c'est une tache, quelques taches arsenicales appréciées par vous-mêmes à un demi-milligramme d'arsenic !

Soyez conséquents : si des masses de poison ont été données, vous en trouverez des quantités notables, car la science parvient à extraire tout le poison du cadavre ; et qu'avez-vous trouvé ? après quatre expériences, une teinte à peine apparente !

Or, à notre tour de demander : Qu'est donc devenu tout l'arsenic donné à Lafarge ?

La question était grosse de bon sens ; elle frappait les esprits les plus épais ; l'avocat général l'a prévu, il a consulté son oracle, M. Orfila.

Admettons la vérité de la réponse de M. Orfila ; d'après lui, l'arsenic qui ne se retrouve pas a disparu

1° Par les vomissements ;

2° Par l'urine ;

3° Par la transpiration.

Voyons les circonstances du procès.

C'est le 11 janvier, deux jours avant la mort de Lafarge, qu'on a *découvert* le crime de Marie Cappelle ; Mlle Brun, Mme Lafarge mère lui ont *vu donner* de l'arsenic ; le malade en a donc pris dans la journée du 11 des quantités notables.

Les vomissements des derniers jours ont été

recueillis, analysés; ils n'ont pas offert le moindre atome d'arsenic.

Au procès, il a été établi que toutes les sécrétions étaient supprimées : pas d'urine, pas de transpiration durant les derniers jours; la peau était sèche et roide.

Mais qu'est donc devenu cet arsenic?

Nous le demandons encore au ministère public; car, avec toutes les suppositions de M. Orfila, il ne peut nous répondre.

Mais n'insistons pas davantage. L'avocat général n'a pas de réponse possible; et continuons.

Le corps de Lafarge renfermait donc de l'arsenic, puisque M. Orfila en a trouvé?

M. Dubois et les autres chimistes, qui ont opéré deux fois, n'en ont pas rencontré; d'où vient cette différence?

M. Orfila, qui veut répondre à tout, a répondu. Il dit « qu'en séparant leurs matières et en
« agissant sur des quantités plus faibles que les
« siennes l'arsenic n'a pu être retrouvé. »

Quelle grossière contradiction!

M. Orfila nie-t-il la subtilité de l'appareil de Marsh, par hasard?

Non, il l'avoue au contraire...

M. Orfila ne reconnaît-il pas qu'on peut, avec l'appareil de Marsh, retrouver un cinq cent millième de grain?

Bien certainement il en est convaincu.

M. Orfila n'a-t-il pas dit au procès, n'a-t-il pas imprimé que l'arsenic qui reste dans le corps est absorbé avec le sang dans les viscères, dans le foie, dans la rate, dans les reins, dans le cerveau, etc., etc.?

Il vous le répétera mille fois encore.

Or, si le sang porte l'arsenic partout, il doit se retrouver dans tous les organes.

Si l'appareil de Marsh trouve un cinq cent millième de grain, il n'est pas une molécule du corps qui ne doive donner sa quantité d'arsenic.

Oh! M. Orfila, trouvez-nous donc une autre justification.

Il l'a essayé.

Les chimistes de Limoges, dit-il, n'ont pas su opérer; l'appareil de Marsh est un appareil capricieux, difficile, qui ne donne des résultats qu'entre des mains habiles.

MM. Dubois et Dupuytren sont donc des hommes incapables, inhabiles?

On n'ose pas le dire, car M. l'avocat général les a choisis entre les plus capables, et il faut se fier à lui pour donner de bons renforts à son accusation.

Et d'ailleurs les caprices de l'appareil de Marsh, la main malhabile des chimistes varient donc avec les matières et l'importance de l'opération?

Donnez aux chimistes, à ces chimistes maladroits, qui ne savent pas trouver comme M. Orfila, donnez-leur des breuvages renfermant de l'arsenic; ils consulteront l'appareil de Marsh, qu'ils manient chaque jour et depuis longtemps, et ils vous rapporteront de l'arsenic.

Confiez-leur de la poudre contenant des parcelles imperceptibles d'arsenic, et ces parcelles, ces atomes, ils les retrouveront sans difficulté.

Sur les organes du corps ils ont vainement interrogé, et, avec un peu de bonne foi, si on n'a pas accepté une prévention brutale et accusatrice quand même, ne devra-t-on pas dire qu'ils n'ont rien trouvé dans ces organes parce que le cinq cent millième de grain d'arsenic ne s'y rencontrait pas ?

Et cependant, reprend victorieusement l'accusation, M. Orfila en a trouvé. S'il en a trouvé, il y en avait donc !

Nous le voulons bien ; mais que cette conclusion devienne favorable à la défense.

Posons bien les faits.

M. Orfila a trouvé un atome d'arsenic dans les organes qu'il a analysés.

MM. Dubois et autres n'en ont pas trouvé après deux expériences dans les matières qui leur ont été soumises.

L'arsenic existait donc dans les parties remises à M. Orfila ; il ne se rencontrait pas dans celles confiées à M. Dubois.

Donc il était localisé et en petite quantité.

S'il était localisé, il n'avait pas été pris par le malade durant sa vie, car, d'après M. Orfila, il se serait uni au sang, aurait été porté dans tous les organes; une seule partie du corps ne pouvait le renfermer.

Il faut donc *nécessairement* reconnaître que cet atome est tombé après la mort dans les parties soumises à M. Orfila, où il est demeuré déposé jusqu'au moment où l'appareil de Marsh l'a révélé.

Et si cette conclusion est rigoureuse, combien elle est probable! Pour ceux qui ont assisté au procès de Tulle, elle devient évidente.

Un petit cabinet a servi à toutes les expériences; les mêmes instruments ont été employés; à côté de matières provenant du corps étaient placés les breuvages empoisonnés et le poison qu'on en avait extrait. Cent grammes d'arsenic se trouvaient ainsi voisins des parties du cadavre; quinze ou vingt personnes agissaient dans ce petit espace; les portes s'ouvraient et se fermaient; les appareils étaient mal nettoyés peut-être; dans la préoccupation générale, quelques soins de détail étaient oubliés; or est-il difficile qu'un atome d'arsenic ait été déplacé?

Au Glandier même, le corps de Lafarge, déposé sans précaution, n'a-t-il pas été ouvert avec toute la négligence constatée dans la première expertise, près du poison, sur une table dont on n'avait pas vérifié la propreté?

Que de circonstances! que de probabilités pour expliquer cet atome d'arsenic trouvé là, isolé, dans une partie du cadavre!

Et enfin les réactifs employés par M. Orfila n'auraient-ils donc pas pu renfermer cet atome imperceptible?

Certes nous ne dirons pas qu'il ait oublié, dans le choix de ces réactifs, les précautions ordinaires; mais n'est-il pas possible que, malgré tous ses soins, son épuration n'ait pas entièrement dégagé l'arsenic de ces réactifs?

Et lorsqu'on connaît la subtilité dangereuse de l'appareil de Marsh, un résultat trouvé, aussi faible, aussi minime, a-t-il quelque valeur?

En vérité, pour répondre à M. Orfila et au ministère public, ne nous suffirait-il pas de dire avec tous les chimistes distingués:

Dans une accusation criminelle, l'appareil de Marsh est un auxiliaire dangereux, qui par l'excès même de sa preuve prouve trop.

Tous recommandent de ne conclure de ses résultats qu'avec une prudente hésitation. Autant il devient puissant si ses produits sont nombreux, autant il est incertain si les résultats sont à peine appréciables.

Mais est-il même prouvé que les taches recueillies par M. Orfila soient des taches arsenicales! Eh bien, non; et aujourd'hui plus que jamais nous pouvons en douter.

M. Orfila l'avait écrit au sujet de ce procès, il l'avait même imprimé dans divers ouvrages: l'arsenic trouvé doit être ramené à son état métallique.

Pourquoi donc M. Orfila s'est-il contenté dans cette circonstance de rapporter une tache toujours incertaine, et n'a-t-il pas complété son opération en réunissant en un même métal les diverses couleurs éparses sur la porcelaine?

Nous en ignorons la raison, mais le danger de cette incomplète opération est immense.

Et d'abord, si M. Orfila a trouvé de l'arsenic, qui est celui éparpillé sur la porcelaine, les taches provenant d'un même corps doivent avoir entre elles une ressemblance entière ; cependant, en les examinant avec une attention rigoureuse, on les trouve dissemblables et quant à l'étendue et quant à la forme, et surtout, ce qui est plus important, quant à la couleur.

Si les unes sont arsenicales, les autres ne le sont pas assurément ; d'où proviennent-elles alors ?

Mais est-il même certain que quelques-unes de ces taches soient arsenicales ?

Depuis le procès, de nombreuses expériences ont été faites, des rapports ont été présentés à l'Académie ; les chimistes les plus célèbres se sont occupés de la question, et aujourd'hui, en réponse à toutes *ces taches* rapportées par M. Orfila, on peut dire, avec la science et les savants, que l'appareil de Marsh a donné, dans les matières animales qui lui ont été soumises, des taches qui ont l'apparence arsenicale, mais qui n'en sont pas. Elles en offrent tous les caractères physiques, et, sous plusieurs rapports, les réactions chimiques; cependant on n'a jamais pu en extraire (ce qui est indispensable pour éviter des erreurs si faciles) l'arsenic à l'état métallique.

M. Couerbe, et après lui M. Orfila, avait conclu que le corps humain renfermait de l'arsenic; une analyse plus attentive a fait reconnaître que le composé formé pendant la carbonisation des matières animales, composé qu'il était facile de confondre avec l'arsenic, était un mélange de sulfate et de phosphate d'ammoniaque unis à une matière organique.

Et alors on a conclu que les taches *arsenicales* étaient trompeuses, et qu'il ne suffirait plus de recueillir sous forme de tache l'arsenic brûlé avec l'hydrogène dans l'appareil, mais qu'il faudrait recueillir sans perte et condenser le plus possible les produits de cette combustion pour les examiner, et réduire toujours le métal.

M. Orfila, pendant dix ans, a cru trouver de l'arsenic dans le corps humain *à l'inspection des taches;* il s'est trompé : les taches qu'il a recueillies chez Lafarge sont-elles donc plus certaines que les autres ? Qui osera le soutenir ?

Ainsi toutes les expériences chimiques, contraires en majorité à l'accusation, deviennent dans tous les cas un impuissant appui.

Concluons déjà :

Lafarge n'est pas mort empoisonné : les symptômes de sa maladie, l'état de son cadavre ne le laissent pas supposer.

On n'a pas trouvé d'arsenic dans son cadavre, et si un atome, par impossible, y a été découvert, il faut nécessairement qu'il y soit tombé après sa mort.

IX

Nous avons, pour en faire sentir toute la force défensive, réuni la partie médicale et chimique sans suivre l'ordre des débats. Revenons, à la suite de l'accusation, sur tous les faits du procès.

Et avant tout, la considération morale la plus puissante, celle qui devrait devenir le mobile de toutes les poursuites criminelles, où est-elle? Nous voulons parler de la cause du crime.

Où est l'intérêt de Marie Cappelle?

Est-ce l'argent ? est-ce le dégoût ? est-ce l'amour d'un autre qui ont pu lui faire concevoir la détestable pensée de l'empoisonnement ?

Dans ces longs débats où le ministère public a si ardemment poursuivi l'accusée, ce premier chapitre de l'accusation a été complétement oublié.

Nous lisons toutes les phrases de messieurs du Parquet, et jamais ils ne se posent franchement cette question :

Quel est le mobile du crime qu'on reproche à l'accusée ?

Et cependant tout est là.

Ou Marie Cappelle est une folle féroce, aux instincts sauvages, sanguinaires, qu'on ne peut pas punir parce qu'elle n'a pas la conscience de son acte; ou Marie Cappelle a agi avec volonté, avec intelligence; et, dans ce cas, dites-nous pourquoi ce crime? où est sa cause, son impérieuse et horrible détermination ?

L'accusation ne peut échapper à la nécessité de nous répondre; et cependant elle ne l'a pas fait.

Est-ce l'intérêt ?

On a essayé d'en dire quelques mots; mais avant la fin des débats ce mobile ignoble était abandonné. Lafarge était ruiné : sa femme le savait, le voyait; les misérables calculs qu'il essayait disaient assez à cette femme d'intelligence le désastre de la fortune de son mari. Pour obtenir sa dot il avait menti, et ce fait seul apprenait à Marie Cappelle combien il y avait peu à espérer sur une fortune aussi splendidement annoncée dans l'origine.

Et puis, comment oser dire à Marie Cappelle, si généreuse pendant et après son mariage, qu'elle avait sacrifié son mari à une honteuse spéculation? N'était-ce pas elle qui avait remis à Lafarge une procuration universelle pour disposer de sa fortune? n'était-ce pas elle qui, après la mort de Lafarge, avait consenti à donner sans réflexion le peu qui lui restait, pour éviter à la mémoire de son mari le déshonneur d'une flétrissure que les faux nombreux qu'il avait commis devaient entraîner?

Non, l'intérêt n'est pas sérieusement allégué

comme un motif du crime. L'accusation n'a pas osé elle-même le soutenir.

Serait-ce le dégoût?

Mais il est avéré au procès que Marie Cappelle avait obtenu de son mari toutes les concessions intimes qu'elle avait pu demander. Sa puissance était si grande que Lafarge n'eût jamais osé contraindre sa femme à subir le moindre de ses droits.

Mais pourquoi du dégoût, si, comme le dit l'accusation, l'affection des deux époux paraissait vive et ardente? Pourquoi du dégoût, si, comme l'ont supposé quelques témoins, Marie Cappelle avait souvent, par de tendres agaceries, provoqué l'amour de son mari?

C'est de l'hypocrisie, dites-vous.

Hypocrisie, pourquoi? Si l'intérêt n'existe pas, s'il ne faut que s'arracher à un homme dont les embrassements répugnent, est-ce un moyen que d'exciter en lui le désir et le besoin de vous conserver? — On fuit, on s'éloigne, au lieu de se donner. On excite un sentiment qui vous fait repousser, on ne détermine pas une affection qui doit vous retenir.

Ainsi Marie Cappelle dominait son mari ; elle pouvait ou se soustraire à toutes relations avec lui, ou même le fuir : Lafarge le lui avait permis. Elle reste, elle s'abandonne.

Non, il n'y avait donc pas de dégoût ; la cause du crime serait ailleurs, et le ministère public n'a même pas cherché à s'appuyer sur une base aussi fragile.

Serait-ce enfin l'amour d'un autre ?

On l'avait cru d'abord ; il y avait dans ce mobile, chez une femme ardente, une large supposition à faire. Quelques mots de la lettre du 15 août se prêtaient comme auxiliaires à cette criminelle fable ; mais, heureusement pour la défense, le héros indispensable n'était pas trouvé, et la réalisation de cet amour ne reposait nulle part.

Un caprice de jeune fille oublié depuis longtemps, une de ces fantaisies de l'imagination qui n'arrivent jamais au cœur, était éclos par hasard dans l'esprit de Marie Cappelle ; elle l'avoue dans ses Mémoires.

A son arrivée au Glandier, folle, désespérée, voulant à tout prix s'arracher à ces impressions horribles, elle parle d'un homme qui l'aurait suivie, qu'elle aimerait : mensonge impossible, mais mensonge romanesque que sa tête en délire accepte comme elle aurait accepté toute autre bizarrerie excitante; et puis rien !

On a remué tous les jours de Marie Cappelle, consulté ses ennemis; pas un n'a parlé d'une sérieuse affection ; et cette dernière cause du crime, la plus forte si elle eût existé, a, comme les autres, disparu du procès; et le ministère public n'a pas osé s'en servir ni l'interroger.

Quelle étrange chose ! Voilà le crime le plus terrible par son résultat, le plus profondément combiné, le plus lentement et le plus criminellement exécuté ; les circonstances en sont telles qu'il faut la plus horrible cruauté pour y persévérer jusqu'à la fin; et cependant la main qui empoisonne n'est guidée par aucun motif!

Le cœur de l'accusée n'est pas rempli de

haine, sa cupidité n'est pas éveillée, son dégoût ne la repousse pas ; elle vit près de cet homme, libre, presque heureuse ; la mort de cet homme ne peut lui apporter que malheur, et elle le tue !

Mais pourquoi ? Pas un motif allégué, pas une de ces raisons qui, bonnes ou mauvaises, ont au moins une apparence ! Marie Cappelle a tué pour tuer ?

Mais non, c'est impossible ; et l'accusation eût-elle d'autres preuves, celle-ci lui manquant, toutes deviendraient sans force.

Et maintenant entrons dans les faits de la cause.

Le ministère public, au premier pas de la discussion, place la lettre du 15 août 1839, écrite par Marie Cappelle le jour de son arrivée au Glandier. La voici :

Lettre de Mme Lafarge à son mari.

« Charles, je viens vous demander pardon à genoux ! Je vous ai indignement trompé : je ne vous aime pas et j'en aime un autre ! Mon Dieu, j'ai tant souffert ! laissez-moi mourir, vous que j'estime de tout mon cœur; dites-moi : Meurs, et je te pardonnerai; et je n'existerai plus demain. Ma tête se brise; viendrez-vous à mon aide? Écoutez-moi, par pitié; écoutez-moi! Il s'appelle Charles aussi; il est beau, il est noble, il a été élevé près de moi; nous nous sommes aimés depuis que nous pouvons aimer. Il y a un an, une autre femme m'enleva son cœur; je crus que j'allais en mourir; par dépit, je voulus me marier. Hélas! je vous vis : j'ignorais les mystères du mariage; j'avais tressailli de bonheur en serrant ta main; malheureuse! je crus qu'un baiser sur le front seul te serait dû, que vous seriez comme un père. Comprenez-vous ce que j'ai souffert dans ces trois jours? Comprenez-vous que, si vous ne me sauvez pas, il faut que je meure? Tenez, je vais vous avouer tout... Je vous estime de toute mon âme, je vous vénère; mais les habitudes, l'éducation ont mis entre nous une barrière immense. A la place de ces doux mots d'amour, de ces épanchements du cœur et de l'esprit, rien que les sens qui parlent en vous, qui se révoltent en moi. Et puis, il se repent : je l'ai vu à Orléans; vous dîniez; il était sur un balcon vis-à-vis du mien. Ici même, il est caché à Uzerche; mais je serai adultère malgré moi, malgré vous, si vous ne me sauvez pas. Charles, que j'offense si terriblement, arrachez-moi à vous et à lui. Ce soir, dites-moi que vous y consentez : ayez-moi deux chevaux, dites le chemin de Brive; je prendrai le courrier de Bordeaux, je m'embarquerai pour Smyrne. Je vous laisserai ma fortune : Dieu permettra qu'elle vous prospère, vous le méritez; moi, je vivrai du produit de mon travail ou de mes leçons. Je vous prie de ne laisser jamais soupçonner que j'existe : si vous le voulez, je jetterai mon manteau dans un de vos précipices, et tout sera fini; si vous le voulez, je prendrai de l'arsenic, j'en ai : tout sera dit. Vous avez été si bon que je puis, en vous refusant mon affection, vous donner ma vie; mais recevoir vos caresses, jamais! Au nom de l'honneur de votre mère, ne me refusez pas! au nom de Dieu, pardonnez-moi! J'attends votre réponse comme un criminel attend son arrêt. Oh! hélas! si je ne l'aimais pas plus que la vie, j'aurais pu vous aimer à force de vous estimer : comme cela, vos caresses me dégoûtent. Tuez-moi, je le mérite; et cependant j'espère en vous. Faites passer un papier sous ma porte ce soir, sinon demain je serai morte. Ne vous occupez pas de moi : j'irai à pied jusqu'à Brive s'il le faut. Restez ici à jamais. Votre mère si tendre, votre sœur si douce, tout cela m'accable; je me fais horreur à moi-même. Oh! soyez généreux : sauvez-moi de me donner la mort. A qui me confier, si ce n'est à vous? M'adresserai-je à lui! Jamais. Je ne serai pas à vous, je ne serai pas à lui; je suis morte pour les affections. Soyez homme : vous ne m'aimez pas encore; pardonnez-moi. Des chevaux feraient découvrir nos traces; ayez-moi deux sales costumes de vos paysannes. Pardon; que Dieu vous récompense du mal que je vous fais!

Je n'emporterai que quelques bijoux de mes amies comme souvenirs; du reste de ce que j'ai, vous m'enverrez à Smyrne ce que vous daignez permettre que je conserve de votre main. Tout est à vous.

Ne m'accusez pas de fausseté : depuis lundi, depuis

l'heure où je sus que je vous serais autre chose qu'une sœur, que mes tantes m'apprirent ce que c'était que de se donner à un homme, je jurai de mourir; je pris du poison en trop petite dose... encore à Orléans; je le vomis hier; le pistolet armé, c'est moi qui le gardai sur ma tempe pendant les cahots, et j'eus peur. Aujourd'hui tout dépend de vous; je ne reculerai plus.

Sauvez-moi! soyez le bon ange de la pauvre orpheline, ou bien tuez-la, ou dites-lui de se tuer. Écrivez-moi, car sans votre parole d'honneur, et je crois en vous, sans elle écrite, je n'ouvrirai pas ma porte.

Marie. »

Que de désordre, que de dérèglement! Certes jamais désespoir plus délirant ne s'est emparé de la tête d'une jeune femme. Mais faut-il y voir le germe du crime? Cette lettre donne-t-elle, comme le croit l'avocat général, la mesure de l'organisation criminelle de l'accusée?

Pour nous, nous cherchons la vérité de cette lettre d'une manière plus raisonnable que ne l'a fait l'accusation.

La déposition du bon curé de Villers-Hellon, faite à l'audience, est peut-être la plus naturelle justification qu'on puisse en donner.

« Qu'avez-vous pensé, lui demanda l'avocat

général, croyant l'embarrasser beaucoup, en lisant la lettre du 15 août?

— J'ai pensé, répondit le digne homme, que les chiens qui aboient si fort ne mordent point. »

C'est trivial, mais c'est vrai.

Un autre témoin, M. de Chauveron, homme grave, dont les manières emphatiques ne peuvent faire oublier la haute raison, a expliqué à merveille cette fatale lettre. Laissons-le parler.

« Elle veut, cette jeune fille, irriter, exciter la colère, l'impatience; elle veut se faire chasser. Il n'y a là rien de sérieux au fond; ce n'est qu'un adroit stratagème, éclos apparemment dans l'imagination délirante d'un cerveau de vingt ans. »

Tel est le témoignage de l'ami, du conseil de la famille Lafarge, de l'homme qu'on a chargé de ramener Marie Cappelle au calme et à la raison. Il n'a trouvé, il n'a vu qu'une exaltation passagère, éclose sans doute par le désenchantement que le triste séjour où elle se trouvait a fait naître. C'est un instant de délire, mais ce n'est pas une conception criminelle.

Demandez à l'accusée, d'ailleurs, d'expliquer

cette œuvre de désespoir et de désordre. Ses interrogatoires, durant l'instruction, sont là; elle ne connaissait pas alors l'explication de M. de Chauveron, et cependant déjà elle avait dit tout ce qu'il avait compris.

La fatigue, le souvenir de la scène d'Orléans, la déception affreuse qu'elle éprouve, les sombres paysages qu'elle parcourt un jour d'orage, la misérable habitation où elle entre, tout se réunit pour exalter, bouleverser cette imagination; et alors ne comprend-on pas ce cri d'une nature nerveuse et impressionnable; et la lettre du 15 août n'est-elle pas expliquée?

Dans le système de l'accusation, cette lettre annonce, promet le crime qui suivra plus tard; eh bien, c'est un détestable raisonnement; nous le disons, et nous allons le prouver. Cette lettre éloigne au contraire la pensée du crime et surtout l'exécution du crime, comme le soutient le ministère public.

De deux choses l'une : ou Marie Cappelle a médité son crime en écrivant, ou plus tard elle aura pris la fatale résolution d'empoisonner son mari.

Dans les deux cas la lettre du 15 août est un argument de défense.

La pensée du crime lui est-elle venue en écrivant?

Elle n'aurait pas envoyé la lettre, car c'était éveiller des soupçons, c'était se dénoncer elle-même. Hypocrite, résignée, dans l'attente de cette liberté qu'elle va faire naître, elle se soumettra pendant quelques jours, mais se gardera bien d'exposer ainsi le projet criminel qui est si fatalement entré dans son esprit. La lettre ne partira pas.

La pensée du crime n'est-elle venue que plus tard et après la remise de la lettre?

Marie Cappelle ne peut l'avoir oubliée, cette lettre; c'est un de ces actes qui laissent de profonds souvenirs dans la vie. Cette lettre deviendra comme une barrière entre le crime et l'homme qu'il veut atteindre; elle sera là, déposant des pensées mauvaises de l'accusée. Que fera-t-elle? Puissante sur le cœur de son mari, on en convient, dans un moment d'épanchement et d'amour, elle demandera, elle obtiendra la remise de cette lettre. Elle insistera pour qu'on la lui rende ou pour qu'on la détruise. Son mari ne résistera pas.

L'a-t-elle demandée ? pas un témoin ne l'a dit. Lui a-t-on promis de la détruire ? elle ne s'en est pas occupée.

Ainsi, dans quelque situation qu'on place Marie Cappelle, cette lettre, ne peut marcher avec un système raisonnable d'accusation.

Mais le ministère public, dans son impuissance, lui reproche jusqu'à la résignation qu'elle montra après l'avoir envoyée.

« Son désespoir n'était pas aussi violent qu'elle le prétend, dit-il ; car, quelques heures après son arrivée, après avoir écrit, elle est redevenue calme, aimable, presque empressée. »

Et nous disons, nous, que cette circonstance est encore une preuve utile à la défense ; qu'on y voit percer le caractère vrai de l'accusée, et, comme conséquence, l'impossibilité du crime qu'on lui reproche.

Qu'est-ce que cette lettre ? c'est l'irrésistible expression d'une douleur qui ne peut se maîtriser ; c'est l'explosion d'une imagination déréglée, mais sincère ; c'est l'œuvre d'une femme exaltée, mais non hypocrite. Après la lettre, le calme; après l'irritation et le désespoir, le naturel et l'amabilité.

Voyez autour de vous : chaque jour des exemples, moins terribles sans doute, mais analogues, ne se présentent-ils pas? Un acte, une démarche, une parole acerbe, ne soulagent-ils point, comme par enchantement, l'irritation qui nous dévore?

Consultez ces personnes à organisation nerveuse; leur imagination s'exalte et s'apaise presque dans le même instant. Elles peuvent commettre de grandes fautes sans doute, quelquefois de grands crimes, mais elles les commettent avec entraînement et colère; elles prennent un poignard et elles frappent.

Mais un empoisonnement lent, froid, hypocrite, longuement calculé, longuement exécuté, c'est impossible!

Prenons donc, une fois pour toutes, la lettre pour ce qu'elle est; c'est une œuvre coupable, désordonnée, mais non criminelle; c'est un brûlant accès de fièvre au milieu duquel cette femme nous laisse voir sa véritable nature; et si cette lettre prouve maintenant quelque chose, c'est la mobilité, l'impressionnabilité, *l'irritabilité* de Marie Cappelle, mais aussi, mais surtout, la vivacité, la franchise d'expression avec lesquelles elle exhale les sentiments qui l'animent.

X

Ne suivons pas encore la marche de la maladie au Glandier ; voyons auparavant deux circonstances antérieures qui se retrouvent sur cette longue route qu'on fait suivre à Marie Cappelle pour arriver à l'exécution dernière de son crime. Nous voulons parler du testament que son mari a fait en sa faveur, et des gâteaux qu'elle a envoyés à Paris.

TESTAMENTS.

Lafarge avait fait un testament en faveur de

sa femme. En recherchant un intérêt au crime, le ministère public a cru le trouver un instant dans cet acte. Les circonstances qui l'environnent, l'époque où il a été fait, sont appréciées au point de vue de l'accusation et deviennent un argument contre la prévenue.

Le ministère public dit : « Un mois ou deux après son arrivée, Marie Cappelle feint une maladie cérébrale ; son mari s'inquiète, la soigne avec cette attention exquise que commande la tendresse. Elle se rétablit bientôt, et témoigne la reconnaissance la plus vive à celui qu'elle appelle son sauveur ; elle lui doit la vie, il est sa seule affection ; et comme la mort peut la surprendre, elle fait un testament qui doit donner à Lafarge une preuve de sa tendre affection. Lafarge ne pouvait être en reste ; il suit l'impulsion de sa femme et fait aussi un testament en sa faveur. »

M. l'avocat général croit tous ces faits vrais ou possibles ; il faut un faible effort pour détruire cette fragile partie de l'accusation.

Marie Cappelle a fait la malade ! Qui le prouve ? Ce n'est là qu'un soupçon malveillant ;

elle n'est sans doute pas à l'abri de l'atteinte du mal.

Elle a fait son testament pour déterminer son mari à faire le sien !

Dans quel but ? Pour avoir la fortune de Lafarge ? mais cette fortune n'existait pas. Nous ne voulons pas redire ici ce que nous avons écrit plus haut ; mais il n'était pas possible à Marie Cappelle, dans cette triste habitation, en présence des expédients misérables de son mari, de s'abuser sur son état de fortune.

Serait-ce l'espoir de profiter de ce brevet d'invention que Lafarge pouvait obtenir ?

Mais à l'époque du testament le brevet n'avait été ni obtenu ni sollicité. Les expériences premières n'avaient pas encore été faites ; on en était seulement aux germes si incertains de cette pensée.

L'accusée arrachait donc un testament à son mari, sans utilité, sans intérêt ? Est-ce possible ?

Suivons cependant la pensée de l'accusation et voyons où elle va nous conduire.

« Marie Cappelle fait naître un prétexte pour

faire son testament; elle veut en obtenir un de son mari, et puis l'empoisonner. »

Si cela est vrai, que va-t-elle faire? se montrer généreuse à l'excès, afin d'encourager la générosité entière de son mari; donner toute sa fortune pour recevoir toute celle qu'elle convoite.

Eh bien, non. Marie Cappelle, qui, dans la pensée de l'accusation, veut tout avoir et ne court aucun danger à tout donner, se borne à laisser à son mari l'usufruit de ses biens, en réservant la nue-propriété à l'enfant de sa sœur.

Est-ce nié? ce n'est pas possible; car Mme Lafarge mère, qui avait reçu en dépôt le testament de sa bru et qui en a si honteusement violé les cachets, avoue elle-même que le legs de Marie Cappelle se bornait à l'usufruit, puisqu'elle avait présenté le testament à un homme de loi pour en faire corriger les dispositions principales.

Quelle étrange manière d'encourager la générosité de son mari!

Mais ce n'est pas tout encore.

Marie Cappelle, toujours dans la pensée du

ministère public, va dire sans doute ou faire dire à son mari sa générosité pour obtenir la sienne?

Elle ne lui en parle pas, elle défend qu'on le lui apprenne, et le testament qu'elle remet est scellé, et devient ainsi un mystère que nul (si ce n'est la probité de Mme Lafarge mère) ne peut dévoiler.

Encore une fois, de semblables circonstances s'accordent-elles avec la pensée du crime ?

Il y a un autre fait précieux à constater. Jusqu'ici le ministère public a raisonné dans cette supposition, que Lafarge avait fait son testament après le testament de sa femme. Marie Cappelle aurait donc pris l'initiative ; elle aurait rédigé son testament la première. On le lui a demandé ; elle a soutenu le contraire, et avec des détails qui ne permettent pas le moindre doute.

« C'est mon mari qui le premier a fait son testament; ne connaissant pas les termes de la loi, j'ai copié le mien sur le sien. Mme Lafarge mère retient mon testament; qu'elle le dépose, et qu'on en compare l'identité ; je l'ai seulement modifié quant à la disposition du legs universel. »

Cétait là, certes, le point capital de la question.

Ou Marie Cappelle dit vrai, ou elle va être prise en flagrant délit de mensonge.

Et Mme Lafarge mère ne produit pas le testament de sa bru ; et, après avoir violé son secret, elle s'approprie son dépôt !

Qui peut douter maintenant ?

La vérité sur les testaments ! mais elle éclate à tous les regards; et un fait postérieur ne vient-il pas l'expliquer lumineusement ?

Il est vrai que Lafarge a testé en faveur de sa femme, dans les premiers jours de son mariage; il est vrai que son testament est rempli des témoignages les plus affectueux, les plus touchants, *émanant du plus noble cœur*, comme le disait d'une voix tout émue M. l'avocat général ; mais il est vrai aussi qu'un mois après ce premier testament, alors que son amour semblait augmenter pour sa jeune épouse, alors que ses lettres devenaient brûlantes, il a fait, sans l'en prévenir, un second testament qui la déshéritait entièrement et donnait toute sa fortune à sa mère.

Pourquoi ce second testament, à une date si rapprochée du premier? Pourquoi? Eh! mon Dieu, c'est assez clair : le premier testament de Lafarge n'avait d'autre but que de provoquer celui de sa femme ; ce testament obtenu, il revient à sa volonté réelle. Il avait joué une ignoble parodie sentimentale, et la seule dupe c'était Marie Cappelle.

Et plus encore : l'ouverture du testament par la mère de Lafarge, sa correction par un homme de loi, n'apportent-ils pas une preuve irrécusable?

Il faut dépouiller cette femme : le mari simule une générosité, obtient un testament.

Il ne faut pas que cette proie échappe en partie; on viole en secret et on interroge un homme de loi.

Qui ne comprend maintenant cette honteuse spéculation?

ENVOI DES GATEAUX.

16 décembre 1839.

La première tentative d'empoisonnement reprochée à Marie Cappelle est l'envoi de gâteaux à Paris. Ce mode d'empoisonnement nouveau a pu seul séduire par sa bizarrerie, car autrement il eût été impossible qu'on se fût sérieusement préoccupé d'un incident aussi peu favorable à l'accusation.

Voyons comment elle raisonne.

Une idée extraordinaire, et qui par cela même peut être réputée coupable, se produit tout à coup chez Marie Cappelle; voulant s'unir avec son mari par un repas sympathique, elle lui envoie des gâteaux préparés au Glandier, qui seront mangés en même temps et par lui et par elle, à une heure convenue.

Pour rendre cette idée plus chère à M. Lafarge, Mme Lafarge mère préparera elle-même les gâteaux, et elle aura soin d'en instruire son fils.

Au jour convenu, Mme Lafarge mère fait des

petits gâteaux nommés *choux ;* on en porte un certain nombre dans l'appartement de sa belle-fille, qui préparait une caisse pour Paris, et qui devait y joindre quelques-uns de ces petits gâteaux. La caisse part, et, au lieu des petits gâteaux expédiés du Glandier, M. Lafarge reçoit un seul gâteau plus volumineux, enfermé dans une petite boîte. Il brise une légère portion de la croûte, puis éprouve dans la nuit des coliques et des vomissements.

Ce gâteau était empoisonné, dit l'accusation, et Marie Cappelle, qui s'était procuré, quatre jours avant, de l'arsenic, avait pu préparer son crime.

Le ministère public s'empare de quelques particularités des dépositions des témoins pour justifier ce qu'il y a d'incroyable au premier abord à un empoisonnement aussi étrange. Nous allons les retrouver dans la discussion.

Mais avant tout dégageons le débat de circonstances qui l'embarrassent, et qui n'ont pas une autorité réelle.

Que l'idée du repas sympathique soit bizarre, soit ; mais l'esprit un peu romanesque de Marie

Cappelle explique et justifie cette pensée. Il y avait d'ailleurs, dans les lettres que son mari lui écrivait, des ardeurs telles que cette pensée a pu naître naturellement.

Que Mme Lafarge mère ait été priée de les faire et d'écrire à son fils pour le lui dire, il n'y a là rien que d'assez simple. Mme Lafarge mère se livrait souvent à ce genre de travaux ; on désirait donner à M. Lafarge une petite fête de famille qui lui fût agréable, et la part qu'y prenait sa mère devait la lui rendre plus chère encore.

Que Lafarge se soit trouvé indisposé après avoir brisé une petite portion de la croûte d'un gâteau, il n'y a rien là de concluant ; les fatigues de Lafarge à Paris, son tempérament connu expliquent d'une manière raisonnable et innocente une indisposition qui se placerait à cette date.

Il est assurément possible que la parcelle de gâteau mangée ne soit pas la cause de son indisposition, et cela est d'autant plus probable que la quantité était on ne peut plus minime, et que, le soir où la caisse est parvenue à Paris, Lafarge s'est écarté de ses habitudes ordinaires.

Maintenant détachons pièce à pièce les faits de cette partie de l'accusation, et discutons-les.

Quatre personnages peuvent seuls donner des renseignements sur l'envoi de la boîte et sur son arrivée : ce sont Marie Cappelle, Clémentine Servat, sa femme de chambre, Mlle Brun, et le sieur Parent, domestique de l'hôtel où était logé Lafarge à Paris.

L'accusée déclare que des petits gâteaux lui ont été portés, tandis qu'elle préparait une caisse pour son mari, dans sa chambre, où elle se trouvait avec Mlle Brun et Clémentine. Elle a placé dans la boîte, avec l'aide de sa femme de chambre, les divers objets qu'elle voulait emballer. Les petits gâteaux étaient dans une assiette sur une table à côté d'elle. Quelques-uns ont été mangés; il en restait quatre ou cinq qu'elle enveloppa dans du papier de soie et plaça par-dessus les autres objets qui étaient entrés dans la boîte.

Ceci fait, on a rattaché la caisse avec un crochet; puis, pour l'assujettir, on l'a entourée d'une petite corde assurée par un cachet en cire. Immédiatement cette caisse a été remise à un domestique, qui est parti pour Uzerche, et l'a déposée au bureau des Messageries.

Clémentine Servat fait une déposition semblable à celle de l'accusée.

Mlle Brun dépose que les petits gâteaux ont été portés dans la chambre de Marie Cappelle, où elle se trouvait. Celle-ci lui a dit qu'avant de les placer dans la caisse elle voulait les enfermer dans une petite boîte. Elle est sortie de sa chambre et est rentrée quelques minutes après; la caisse a été fermée alors, rattachée avec un crochet et par une petite corde assujettie avec de la cire.

Le sieur Parent a ouvert à Paris la caisse arrivée à l'adresse de Lafarge; il n'y a trouvé qu'un seul gâteau renfermé dans une petite boîte; le gâteau avait une croûte dure et renfermait une marmelade. La caisse qui est arrivée était fermée avec un crochet et de petits clous nommés épingles.

La déposition de Parent reviendra plus tard.

Constatons maintenant la dissemblance entre les déclarations de l'accusée, de Clémentine et de Mlle Brun.

L'accusée déclare n'être pas sortie de sa chambre en préparant la caisse; Clémentine dit comme elle; interrogées, elles ont nié formellement le fait, et cependant Mlle Brun le soutient.

L'accusée et Clémentine ne disent pas qu'elles aient renfermé les gâteaux envoyés à Paris dans une petite boîte; interrogées, elles ont répondu que le fait n'était pas vrai, et l'accusée a même ajouté que cette pensée ne lui était jamais venue. Mlle Brun affirme pourtant que l'accusée le lui a dit.

N'attachons aucune importance, si on le veut, aux déclarations de l'accusée, qui a un intérêt évident au mensonge; mais Clémentine Servat et Mlle Brun sont deux témoins également probes en justice; leurs dépositions peuvent concourir l'une contre l'autre, et, il faut le reconnaître, l'une d'elles n'est pas dans la vérité.

Une première observation nous frappe, et la voici : entre Clémentine et Mlle Brun la certitude du fait doit plus particulièrement appartenir à Clémentine ; c'est elle qui a préparé, disposé, fermé la boîte. Les plus minutieuses circonstances, elle doit les connaître ; rien ne pouvait lui échapper, et il n'était pas possible que Marie Cappelle plaçât à son insu le plus petit objet dans la boîte.

Mlle Brun, au contraire, était simple spectatrice, dès lors peu attentive ; il n'est pas possible que ses souvenirs la servent aussi heureusement que ceux de Clémentine ; et si une des deux se trompe, même de bonne foi, ce ne peut être que Mlle Brun.

Mais une rapide analyse des faits et de la déposition de Mlle Brun va nous conduire à reconnaître non-seulement que son témoignage est impossible, mais qu'il est absurde.

Elle dit :

« L'accusée est allée dans son cabinet pour chercher une boîte ; elle est rentrée quelques minutes après. »

Alors on lui demande :

« A-t-elle emporté la caisse ou les gâteaux dans son cabinet ?

— Non; la caisse et les gâteaux ne sont pas entrés dans le cabinet; ceux-ci sont restés sur la petite table où ils étaient déposés.

— A son retour du cabinet, l'accusée avait-elle une petite boîte?

— Non; à sa rentrée dans la chambre je n'ai pas vu l'accusée porter une petite boîte, et je ne l'ai pas aperçue plus tard.

— Lorsque la caisse a été fermée, restait-il des petits gâteaux dans l'assiette placée sur la petite table?

— Non; après que la boîte a été fermée, il n'y avait plus de gâteaux sur la petite table. »

Et nous disons qu'en présence d'une semblable déposition on ne peut s'arrêter un seul instant à la déclaration première de Mlle Brun.

Nous assisterions sans cela à de véritables miracles, à des apparitions et à des escamotages que le plus habile prestidigitateur ne saurait essayer.

Voyons :

Si l'accusée a été dans son cabinet, comme le soutient l'acusation d'après Mlle Brun, ce fait ne peut devenir important que pour la substitution d'un gros gâteau aux petits gâteaux ; ceux-ci doivent donc d'abord disparaître et être portés dans le cabinet.

Mais non : il y a unanimité entre l'accusée, Clémentine et Mlle Brun : les petits gâteaux sont restés sur la table.

Si l'accusée entre dans son cabinet pour prendre le gâteau empoisonné, enfermé dans la petite boîte, elle va reparaître avec cette boîte recouverte, mais ostensible; eh bien, non! unanimité encore entre l'accusée, Clémentine et Mlle Brun : il n'a pas paru de petite boîte.

Mais si Mme Lafarge a, par un tour habile, introduit invisiblement un gros gâteau dans la caisse, les petits gâteaux, qui ne sont pas entrés dans la caisse, qui ne sont pas partis pour Paris, vont donc se retrouver sur la table après que la caisse aura été fermée ?

Non, non encore ; et Mlle Brun, d'accord avec Clémentine et l'accusée, déclare qu'il n'y avait plus rien sur la table.

N'est-il pas démontré de reste que Mlle Brun

se trompe? car ce qu'elle dit est inconciliable avec les faits et avec la raison.

Et s'il fallait joindre à toutes ces impossibilités de fait quelques preuves morales, les circonstances dont parle Mlle Brun paraîtraient encore plus merveilleuses peut-être.

Comment! l'accusée va substituer un gâteau à des gâteaux, essayer d'un crime audacieux que le regard le moins clairvoyant peut surprendre; et elle choisit l'heure où Mlle Brun est dans sa chambre!

Comment! l'accusée va déclarer à Mlle Brun qu'elle va dans son cabinet chercher une boîte! Mais cette circonstance ne suffirait-elle pas pour éveiller l'attention de Mlle Brun et la porter à examiner de plus près l'emballage qui va se faire?

Ce n'est pas possible.

Et puis, si l'accusée veut empoisonner son mari, pourquoi se servir d'un gros gâteau dont les traces ne disparaîtront pas en totalité? Ne valait-il pas mieux pour elle employer un petit gâteau qu'on mange en entier? et cette réflexion devait nécessairement se présenter à la pensée du criminel.

Mais d'ailleurs l'accusation, qui reproche à Marie Cappelle d'avoir substitué un gâteau à d'autres gâteaux, devrait au moins nous dire d'où lui provenait le gâteau substitué.

L'a-t-elle pris?

L'a-t-elle acheté?

L'a-t-elle fait?

L'a-t-elle fait faire?

Elle ne l'a pas pris au Glandier, sans doute; on ne préparait jamais ce genre de pâtisserie et on n'en achetait pas du dehors.

Elle ne l'a pas acheté dans cette sauvage contrée; à plusieurs lieues de rayon il n'y a pas de pâtissier. Elle n'allait jamais seule dans les petites villes voisines, et jamais elle n'est entrée dans la boutique d'un boulanger.

Les deux domestiques qui étaient particulièrement à son service n'ont pas fait non plus un semblable achat; il eût été facile à Uzerche, à Vigeois et à Lubersac, trois petits bourgs où ils ont seulement été, de découvrir la trace de ce fait, et rien de semblable n'a été établi. Il est même certain que les boulangers de ces trois endroits ne vendent pas de telles friandises, et que pour en avoir il faut les leur demander spécialement.

L'a-t-elle fait? mais où donc et avec quoi? Il faut un four; celui du Glandier était dans la cuisine, et on ne pouvait en approcher sans être vu de tous les domestiques; et en supposant que le gâteau a pu être préparé dans la chambre de l'accusée, il lui fallait des instruments de cuisine; où les a-t-elle pris? ont-ils jamais été déplacés pour elle?

Non; et d'ailleurs son éducation, ses habitudes ne lui rendaient-elles pas impossible un tel travail?

L'a-t-elle fait faire? mais par qui?

Sera-ce par la cuisinière du Glandier? On n'a pas osé faire cette supposition.

Sera-ce par Clémentine Servat, qui deviendrait ainsi sa complice? Mais, sans rechercher en ce moment si Marie Cappelle a bien pu se confier à cette jeune fille, explication qui viendra plus tard, il faudrait à Clémentine comme à sa maîtresse ou le four du Glandier, dont elle n'est jamais approchée, ou les instruments de cuisine auxquels elle ne touchait jamais. Il faudrait enfin qu'elle sût faire de la pâtisserie, et il est avéré que jamais elle ne s'est le moins du monde occupée de cuisine.

Marie Cappelle n'a donc pas eu d'autres gâteaux que ceux qui lui ont été remis dans la chambre au moment où elle préparait la caisse; il est donc impossible qu'on puisse lui reprocher la substitution d'un gros gâteau aux petits gâteaux.

Mais, dit l'accusation, il n'est arrivé à Paris qu'un seul gâteau enfermé dans une boîte, ou il faut nier la déposition de Parent.

Nous croyons à la sincérité du témoin Parent, et les faits qu'il dépose sont vrais. Le gâteau arrivé à Paris diffère de ceux qui sont partis du Glandier; il existe une substitution bien évidente, mais cette substitution doit tourner au profit de Marie Cappelle, car il est impossible qu'elle l'ait faite ou fait faire; et alors elle prouve ainsi à l'avance les efforts criminels qu'on faisait pour la perdre.

Nous apportons une preuve irrécusable.

En sortant de la chambre de Marie Cappelle, comment était fermée la caisse? avec un crochet et une corde assujettie par de la cire; Mlle Brun et Clémentine le disent.

Comment est-elle arrivée? Le témoin Parent nous le déclare : avec un crochet sans corde, et de petits clous nommés épingles. Ces petits clous n'ont pas été placés au Glandier; la boîte a donc été ouverte puisqu'elle se trouve fermée différemment.

Peut-on dire que l'accusée l'a ouverte et refermée ensuite?

Non : les faits ne permettent pas de l'avancer. Marie Cappelle n'est pas sortie de sa chambre; elle a, en présence de Mlle Brun, confié la caisse à Clémentine, qui, sans retard, l'a remise au domestique chargé de la porter à Uzerche. La boîte n'est donc pas rentrée dans la main de l'accusée à compter de cet instant.

Pourra-t-on dire que Clémentine ou le domestique chargé de porter la caisse à Uzerche ont pu devenir complices et faire la substitution?

Cette supposition, que rien ne paraît justifier,

est encore démentie par les faits : le directeur du bureau des messageries d'Uzerche, entendu aux débats, affirme que l'état dans lequel la boîte lui a été remise est le même que celui dans lequel elle est partie du Glandier, c'est-à-dire fermée avec un crochet et une corde, sans clous.

Or, si à son arrivée à Paris la boîte avait des clous, ce n'est donc pas Marie Cappelle ni ceux à qui elle s'est adressée qui peuvent les avoir mis ; il y a eu nécessairement un tiers, inconnu de l'accusée comme de l'accusation, qui a ouvert la caisse pour y substituer une preuve terrible contre Marie Cappelle.

Et l'accusation de nous demander : Quel est donc ce coupable ? Indiquez-le.

Nous ne sommes pas des avocats généraux pour le rechercher ; il nous suffit, dans l'intérêt de la défense, de démontrer :

1° Que Marie Cappelle a mis et n'a pu mettre dans la boîte que les petits gâteaux ;

2° Que ce n'est pas elle qui a substitué le gâteau qu'on dit empoisonné.

Eh ! mon Dieu ! on nous demandera plus tard aussi qui a versé l'arsenic dans tous les vases ;

mais alors comme maintenant nous démontrerons que ce n'est pas Marie Cappelle, et nous laisserons à d'autres le soin d'apprendre à l'accusation quels sont les vrais coupables.

Et pour en finir sur ces gâteaux, ajoutons un mot encore : c'est une preuve morale de l'innocence de l'accusée. Elle écrivait à son mari de manger les gâteaux avec sa sœur, Mme de Violaine, qui devait se trouver à Paris. Voulait-elle donc aussi empoisonner sa sœur? — L'avocat général recule devant cette effroyable supposition. Il dit qu'elle savait que sa sœur n'était pas à Paris ; mais son explication est impossible. Des lettres de Lafarge, produites aux débats, prouvent qu'à l'époque où les gâteaux arrivèrent à Paris Mme de Violaine devait s'y trouver.

Nous nous sommes arrêtés longtemps, trop longtemps peut-être sur ce chef d'accusation ; mais le mystère et l'étrangeté de cette substitution ont singulièrement ému l'opinion publique. L'imagination, prompte à tout exagérer, s'est emparée de cet incident pour le dénaturer; nous avons voulu, nous, l'examiner sous toutes ses faces, afin de le réduire à sa juste valeur et à son impuissance bien réelle comme charge contre l'accusée.

XI

Avant de continuer la discussion des faits nombreux et des témoignages qui se rapportent à la dernière maladie de M. Lafarge, nous croyons utile d'insérer ici les diverses lettres écrites par Marie Cappelle au moment de son mariage et pendant son séjour au Glandier.

Le ministère public, qui a trouvé moyen d'incriminer toutes les paroles, toutes les actions et tous les écrits de l'accusée, a prétendu que ses lettres ne prouvaient qu'une chose : la profonde hypocrisie avec laquelle elle savait feindre des sentiments qu'elle ne pouvait éprouver, afin d'arriver plus sûrement au but criminel qu'elle s'était proposé dès les premiers jours de son arrivée au Glandier.

Nous laisserons au lecteur, qui a déjà pu apprécier le vrai caractère et la mobilité d'impressions de Marie Cappelle, et qui sait maintenant à quoi s'en tenir sur la lettre du 15 août, le soin de juger lui-même si les lettres qui vont suivre, et dans lesquelles l'accusée donne souvent pleine carrière à son esprit caustique et léger, si ces lettres, qui respirent tant de franchise et de résignation, tant d'amour du devoir et enfin tant de tendresse ; si ces lettres, en un mot, ne sont pas, au contraire, le triomphe de la défense et la meilleure condamnation du funeste système suivi par le ministère public.

A la fin de juillet 1839, voici comment elle parlait de son mariage à l'un de ses meilleurs amis et à sa vieille gouvernante ; nous défions qu'on trouve là une arrière-pensée, un dépit d'amoureuse délaissée, ou une mauvaise disposition de cœur et d'esprit.

A M. Elmore.

« Je veux vous écrire une grande nouvelle, mon cher monsieur Elmore, une nouvelle que je ne crois guère, qui m'étonne plus qu'elle ne vous étonnera. Enfin, moi, si difficile, si réfléchissante aux mauvais côtés de toute chose, je me marie en poste.

Mercredi je vois un monsieur chez Musard : je lui plais et il ne me plaît pas beaucoup ; jeudi, il se fait présenter chez ma tante ; il se montre si soigneux, si bon, que je le trouve mieux ; vendredi, il me demande officiellement ; samedi, je ne dis pas oui, mais je ne dis pas non, et dimanche, aujourd'hui, les bans sont publiés !...

J'étouffe de mille sentiments divers. C'est fini... Voici les détails que je puis vous donner : M. Lafarge a vingt-huit ans, une assez laide figure, une tournure et des manières très-sauvages, mais de belles dents, un air de bonhomie, une réputation excellente ; il est maître de forges, a ses propriétés dans le Limousin, à cent trente lieues de Paris, une belle fortune, un joli château, autant que je puis juger par un plan qu'il m'a donné. Il revient tous les ans à Paris pour ses affaires. Du reste, il m'adore, ce qui me semble assez doux ; il aime les chevaux. Le haras de Pompadour est à une demi-lieue du Glandier, et c'est à cause des belles courses qui ont lieu le 17 août qu'il désire cette excessive presse qui me fera marier avant cette époque.

Si cela ne vous est pas impossible, je vous attends sur-le-champ, car je veux aussi votre prière en cette circonstance ; sinon répondez-moi sur-le-champ, et promettez-moi qu'après avoir été ouvrir la chasse à Villers-Hellon vous viendrez la fermer chez nous. Je suis ravie de cette possibilité de vous recevoir bientôt suivant mes goûts. Vous vous trouverez *très chez vous* chez moi, je l'espère.

Adieu, mon cher monsieur Elmore; ma vieille amitié vous est bien assurée.

MARIE.

J'ai été hier annoncer mon mariage à Mme Elmore; je l'ai trouvée charmante, comme toujours. »

A Mlle Ursule, à Villers-Hellon.

« Ma bonne Ursule, je viens t'embrasser ainsi que ma mie, et je suis sûre que vous êtes bien heureuses toutes deux de mon bonheur. Mon mari n'est pas très-beau, mais parfaitement bon; il m'adore, et me comble déjà de soins et d'attentions délicates. Comme il y a de grandes fêtes près de chez lui, des courses de chevaux, des bals, etc., etc., il m'a demandé en grâce de me marier le 12, ce que j'ai promis. Tu peux t'imaginer dans quelle presse nous sommes pour le trousseau! Le mien sera raisonnable, mais très-beau de linge. C'est Mme Dulauloy qui l'a commandé avec moi. Je te charge de faire tout au monde pour que mon oncle et ma tante viennent; je le désire de toute mon âme, et j'espère un peu, alors que je me rappelle leur bonté pour moi. Veux-tu me faire plusieurs commissions avec l'autorisation de ma chère petite tante ?...

J'ai le dessin de mon petit château, qui est charmant ; il y a de belles mines dans le jardin, une rivière qui passe sous les fenêtres ; c'est à peu près comme Villers-Hellon.

M. Lafarge aime à recevoir du monde chez lui, il en a très-souvent ; vous viendrez me voir, je l'espère bien. Ce sera un voyage très-sain pour la santé de Valentine, et rien ne me rendra plus heureuse que cette possibilité de recevoir ceux qui m'ont si bien reçue. Ma bonne Marie aura de l'excellent café qui l'attendra ; je me brouille avec elle si elle ne vient pas bientôt.

On m'a déjà donné un délicieux piano de Pleyel, qui est dans le salon de ma tante, et qui va partir pour le Glandier, afin de me recevoir. N'est-ce pas une aimable attention ? Sachant que j'aime les bains, il a écrit sur-le-champ pour que je trouve une salle de bains toute prête, qui fasse mon cabinet de toilette ; il en est de tout ainsi ; je ne puis former un désir qui ne soit accompli ou promis. C'est le contraire de tous les mariages ; chaque jour nous découvre quelque chose de mieux en caractère, fortune, etc. Je n'ai pas perdu pour attendre. Cette lettre, qui est pour ma Marie ainsi que pour toi, vous fera plaisir, j'en suis sûre. Ma bonne Colot est pleine de joie ; je l'ai présentée à M. Lafarge, qui a été charmant pour elle. J'ai vu Anatole ces jours-ci, mais il ne sait pas encore la grande nouvelle. Comprenez-vous que j'aie eu un ban de publié dimanche ?

Écris-moi donc une idée pour mon présent à Valentine. Je donne à Antonine les petites choses de sa layette : chemises, brassières, bonnets, langes garnis, etc. Ne m'envoie que ce que j'ai de presque neuf en souliers, qui sont à Corsy; donne le reste à qui tu voudras.

Adieu, mes deux bonnes; je vous aime de tout mon cœur, et je voudrais bien que vous fussiez ici en ce moment. Mille tendres choses à mes chers oncle et tante. Dis à mon oncle que M. Lafarge aime beaucoup Jean-Jacques Rousseau. Il y a à Corsy un grand panier tout emballé à Lolo; veux-tu l'envoyer à la maison avec ce qui est dans son armoire du cabinet? »

Maintenant, qu'on lise cette lettre écrite à sa tante huit jours seulement après la fatale lettre du 15 :

A Mme Garat, à Paris.

22 août 1839.

« Tu as voulu que j'attendisse pour t'écrire, chère petite tante; j'ai attendu, et je suis heureuse.

Car la première impression avait été aussi défavorable que possible; et toi, qui aurais partagé avec moi ma tristesse, aurais vraiment souffert de mon découragement.

Figure-toi un voyage étouffant, un accès de fièvre qui me fait rester cinq heures à Orléans et manquer notre arrivée partout où nous étions attendus; enfin un orage affreux, des chemins devenus torrents, et une arrivée au milieu de la nuit dans une maison limousine... ce qui se traduit en français par sale, déserte, atrocement froide, sans meubles, ni portes, ni fenêtres fermantes. Je me crus la plus malheureuse des créatures, et je me mis à fondre en larmes en entrant dans le beau salon, qui est une vaste chambre à alcôve, avec cinq chaises parsemées le long d'un papier qui réunit toutes les nuances jaunes existantes; une commode couverte d'un tapis de pied, rehaussé par cinq belles oranges monstres; une cheminée avec deux flambeaux, contenant une belle chandelle luxueusement intacte, et une lampe de nuit où Adam et Ève s'entrelacent orgueilleusement sans péché, mais aussi sans feuilles.

Mon désespoir désespéra mon mari; il n'était pas gracieux, mais naturel.

Enfin, *je demeurai bouleversée pendant vingt-quatre heures*. Alors je me secouai, je regardai autour de moi : j'étais mariée; j'avais adopté cette position; elle se trouvait extérieurement fort déplaisante, mais avec de la force, de la patience, et l'amour de mon mari, je pouvais en sortir. Aussi je pris mon parti de bonne grâce, et aujourd'hui je suis déjà avec les maçons, les charpentiers : je bouscule, je fais tout ce qui peut me convenir, et Charles devine mes idées, à croire qu'elles deviennent siennes aussitôt que je les ai pensées.

Je ne veux pas essayer de faire l'impossible, et ce serait vouloir cela que de rêver l'exécution d'une maison qui rappelle une de celles de Picardie; mais je serai proprement, agréablement, et chaque année me donnera une jouissance nouvelle que je me serai créée.

Charles m'adore, et moi je suis profondément touchée de cette vénération affectueuse qui me suit. Il m'a proposé de lui-même de me donner le frère d'André pour domestique, afin de me rendre plus faciles mes arrangements.

Veux-tu donc, chère petite tante, le faire venir, convenir avec lui des gages que tu croiras convenable de lui donner, et me l'expédier sur-le champ par la rotonde de la diligence de Paris à Bordeaux?

Ton neveu t'assure que tout ce que tu feras sera la perfection pour lui, et il t'aime de tout son cœur... »

Ici la lettre contient des détails de ménage qui attestent le désir de demeurer au Glandier et de s'y accommoder le mieux possible. Elle demande des lampes, de la bougie, du thé, divers objets d'office, etc., etc.

« ... Pardon, chère petite tante; je sais combien tu es bonne, combien tu seras heureuse de t'ennuyer pour m'envoyer ces petites ressources. Nous sommes ici dans un pays perdu, et je commence avec courage mon rôle de Robinson Crusoé.

Ma belle-mère est une excellente femme, rien moins que brillante, mais nullement sotte, et me comblant de caresses et d'attentions; ma belle-sœur est une gentille et aimable petite femme; mon beau-frère est un jeune homme très-bien; toute ma nouvelle famille est délicieusement bonne pour moi; on m'admire, on m'adore; j'ai toujours parfaitement raison. J'ai déjà vu un peu de monde, et mes toilettes font l'admiration de chacun. Charles est comme un enfant; il voudrait que je misse toutes mes jolies choses à la fois ; il est fier de mes succès, et quand mon piano attire l'étonnement de nos bons voisins, qu'on m'écoute avec l'attention et le plaisir qu'on prêterait à Listz et à Chopin, il se trouve le plus heureux des hommes. Le pays est admirable ; des eaux superbes, les plus belles prairies, des bois, les plus délicieux mouvements de terrain. La forge est ravissante et semble considérable ; autour de nous, tous ces jolis sites nous appartiennent.

Je n'ai pas été à Pompadour, étant mortellement fatiguée. La cuisine est la seule chose civilisée ; on mange d'excellentes choses et en abondance : le poisson est exquis ; la volaille et le gibier abondants et excellents. Ma cuisinière est vraiment bonne, et quand elle mettra du goût dans son érudition je pourrai dignement te recevoir.

C'est horrible ; mais enfin, quand ce sera propre, je ne renonce pas pour cela à l'espoir de te voir bien près de nous. Je me suis sur-le-champ improvisé un salon. Je suis bien la femme la plus maîtresse, la plus obéie de France et de Navarre.

Imagine-toi que tout est arriéré de deux cents ans ; on est bon, hospitalier avant tout : à mon arrivée, tous les paysans nos voisins sont venus en procession me souhaiter la bienvenue ; les hommes m'apportent des gerbes, des volailles, du poisson ; les femmes, des fruits, du lait, des fromages. On a élevé ensuite un mai immense, couronné de fleurs et de drapeaux ; on a dansé une bourrée, etc., etc. »

Peut-on écrire quelque chose de plus simple,

de plus naïf, en même temps que de plus spirituel ? La femme qui combinerait un lâche empoisonnement donnerait-elle ainsi l'essor à sa plume ? Exprimerait-elle avec tant de franchise et de légèreté de cœur les sensations nouvelles et agréables qui ont succédé à son premier désespoir ?

Trois jours après elle écrit à son ancienne amie, Mme de Montbreton, qui depuis...

25 août 1839.

« Chère madame,

Ne plaignez que moi de mon silence, et, sans m'accuser d'un oubli impossible, dites-vous que j'ai si doublement vécu depuis quelques jours qu'il m'a fallu donner tout mon temps au présent, et ne laisser au passé que mon souvenir et mon cœur. Je suis au Glandier, c'est-à-dire dans le lieu le plus sauvage, le mieux partagé par la nature, le plus oublié par la civilisation. Imaginez-vous quelque chose qui n'a ni portes, ni fenêtres, ni fauteuils, rien, en un mot, et cependant étant un des plus commodes séjours du Limousin.

Le malheur de cette vie est qu'on y rêve avant de vivre, et que rien n'est triste comme la déception. Enfin, si l'arrivée me serra fortement le cœur, je suis plus forte maintenant, et je m'institue gaiement le Robinson de mon petit, domaine. Lorsque je sens une larme qui coule froide sur mes joues, alors que, seule dans une grande chambre déserte, je pense à ceux que j'aime, je mets vite un chapeau, et je vais admirer les plus belles prairies, les sites les plus délicieux qui m'entourent, qui sont à moi, avec leur verdure et leurs torrents. J'ai de petites montagnes, des vallées, une rivière, et pas une bonne chaise, pas une table, rien de ce que les hommes ont fait. Tout me vient directement de la main de Dieu.

Charles est l'homme le plus correspondant à ce qui m'entoure, cachant sous une enveloppe sauvage et inculte un noble cœur, m'aimant par-dessus tout, et mettant toutes ses pensées à me rendre heureuse. Il m'adore et me révère. Sa mère est une excellente femme, qui se mettrait au feu pour son fils, qui m'accable de caresses, qui a de l'esprit et de l'éducation étouffés par les soins minutieux du ménage. Tout cela doit me donner joies et peines. Vous me comprenez, n'est-ce pas?

En fait de voisinage, j'en ai vu fort peu, et tous sont à voir le plus rarement possible, excepté quelques personnes fort bien de la famille, et un jeune homme, ami de Charles, qui est aussi bien qu'on le désirerait en Picardie. On me traite en reine, ce qui me semble inouï, et ce qui rend mon mari d'un fierté amusante. Je vais demain à un bal que m'offrent les jeunes gens d'Uzerche, et de là passer trois jours en dîners et en fêtes. Mon estomac va étonnamment bien, ce qui est fort heureux pour ces ennuyeux repas de cérémonie, où on ne m'aurait pas pardonné une complète abstinence.

J'ai déjà des maçons, des charpentiers, non pour faire de jolies choses, ni même de commodes choses, mais pour me fermer dans mon grand trou. Fort heureusement je fais ce que je veux ; ma belle-mère ne comprend pas que je ne trouve pas tout parfaitement admirable ; mais elle me laisse faire sans prendre trop de soucis ou de regrets. La forge, par exception, est tout entière ravissante et dans un bon état de rapport.

Adieu, chère madame ; tout cela pour vous, pour vous seule. Laissez-moi toujours vous envoyer mes impressions. La vie est une sérieuse épreuve, et je prends pour devise : *Fais ce que dois, advienne que pourra.* »

(Une partie de la lettre est ici déchirée.)

« Nous avons ici des légendes charmantes, les mœurs les plus primitives et les plus originales. Les hommes se marient à dix-huit ans, et les femmes de quinze à seize. On a des enfants annuellement, comme un revenu ; on boit beaucoup, on mange immensément, et l'on va droit au ciel par un chemin aussi long qu'ennuyeux.

Adieu, je vous embrasse, et je vous aime autant que je vous regrette.

MARIE. »

N'est-ce pas toujours la même franchise, la même volonté d'être heureuse et de rendre heureux tous ceux qui l'entourent ? Comment a-ton osé dire que tout cela était une infâme comédie? Eh quoi! Marie Cappelle écrivait sans doute alors tout exprès ces lettres pour donner des armes à ses défenseurs!

Mais continuons nos citations; elles sont toutes précieuses pour quiconque aime à juger sur son style les qualités morales de l'écrivain.

Mme *Lafarge à* Mme *Garat.*

2 septembre 1839.

« Tu es mille fois bonne, et nous sommes par-dessus tout reconnaissants de la peine que nous te donnons. Chère petite tante, tout ce que tu as fait est parfait, et c'est bien avec le pouvoir illimité de changer, arranger à ton goût nos commissions, que nous te les donnons. Elles sont seulement possibles de cette manière; et, dans le cas présent, comptant plus sur ton goût que sur le nôtre, nous trouvons tout à gagner à cet arrangement. Charles voulait t'écrire ce matin; une ondée d'affaires vient de le surprendre au réveil, et, à son grand regret, il me donne sa procuration pour t'embrasser. Il fera payer, le 8 de ce mois, un billet chez mon oncle pour l'argent que tu mets à sa disposition; il a fait un billet de 2,600 fr., laissant l'excédant pour les commissions. J'attends l'arrivée du petit André avec une véritable impatience. S'il le fallait, nous irions de suite jusqu'à 250: nous sommes si ennuyés de la bêtise de nos Limousins! Je dis nous, car Charles voit par mes yeux, sent ce que je sens, enfin n'est plus guère lui-même, ce qu'il avoue très-gentiment vingt fois par jour. Je ne puis t'exprimer combien il m'aime. Rien n'est doux comme de pouvoir s'appuyer ainsi sur l'amour d'un être plus fort que soi, qui vous protége sans vous dominer.

.... J'ai été horriblement vagabonde cette semaine, que j'ai entièrement passée hors de chez moi, faisant des visites de noces dans les environs. Beaucoup m'ont paru ennuyeuses, mais j'ai cependant trouvé des personnes fort bien et aimables, que je compte voir souvent. Nous avons été à Tulle pour deux jours; la préfette, sœur d'Odilon Barrot, a été charmante pour moi. Je ne puis te dire combien on m'a témoigné d'indulgence; on me choie, on me fête; je fais des frais de mon côté, et j'ai réussi au delà de mes vœux; mon mari est ravi de cela, sa famille toute fière et heureuse; enfin ils m'appellent leur bénédiction, et je ne saurais assez les aimer pour tout ce qu'ils me témoignent d'affection, de soins, de bonheur.

On m'a donné un bal à Uzerche : c'était fort laid; mais l'attention suppléa aux lumières, les compliments me firent oublier la fausseté des artistes raclants; enfin je ne m'ennuyai pas. J'étais bien mise et en beauté, ce qui m'arrive assez depuis mon mariage. Je retourne aujourd'hui au Glandier, ce qui m'enchante, car la fatigue n'était plus supportable. Mon estomac va presque bien, mais j'ai pris une douleur de côté excessivement pénible; on me prescrit une saignée; je recule, et provisoirement je souffre dans mon indécision.

Je suis ravie des bonnes nouvelles de Caroline; je vais

lui écrire et je compte bien sur elle ; elle trouvera toutes les incommodités de la vie au Glandier, mais des cœurs qui seront trop heureux de lui témoigner leur affection, et je ferai tout mon possible pour attirer les personnes qui pourront lui plaire ou l'apprécier.

Mille choses tendres à mon oncle, qui, j'en suis sûre, ne trouvera pas notre pays trop affreux.

.... Ce sera propre, très-propre quand vous viendrez ; et pour quelque temps il n'est pas trop ennuyeux de reculer de deux cents ans et de vivre primitivement.

Adieu, ma chère petite tante ; je t'embrasse du fond de l'âme ; souvenirs à tous ceux qui ne m'oublient pas. »

Mme Lafarge à M. Elmore.

Vendredi.....

« Bonjour, mon cher monsieur Elmore ; comment vous portez-vous ?.... Jadis nous faisions des châteaux en Espagne ; maintenant que j'en ai un en Limousin, vous y êtes attendu et désiré....

Je suis très-habituée dans notre sauvage pays ; vous ne vous figurez guère cette enfance de civilisation, et vous l'étudierez à loisir dans mon pauvre Glandier, qui jouit de la plus belle nature, et qui est, du reste, affreux. Je ne doute pas que vous vous y trouviez bien, quoique fort mal en réalité ; mais vous y serez reçu avec plaisir, vous y serez entièrement libre, chez vous enfin. Je monte à cheval souvent, sans avoir de chevaux à moi. Je vous attends pour m'éclairer de vos lumières dans mon choix. La race limousine est élégante, et surtout adroite et solide des jambes, ce qui est nécessaire dans ce pays, où les chemins sont inconnus, et où on ne peut aller en voiture, même muni de la ferme volonté de dévouer son cou.

Toute ma nouvelle famille est parfaite pour moi ; on m'accable de prévenances et de soins. Je suis aussi fort bien reçue partout et très à la mode dans nos déserts. Les femmes ne se voient pas entre elles, mais les hommes voisinent assez, et quelques-uns sont bien et aimables. Ma santé est excellente; je me porte aussi bien au moral qu'au physique. Enfin, je suis, grâce à Dieu, chez moi, aimée, tranquille, heureuse. Adieu ; répondez-moi vite, n'oubliez pas que je vous attends avec impatience. »

Mme Lafarge à Mme Garat.

Octobre 1839. — Ce mercredi.

. . . .

« .... Je suis toujours une heureuse et gâtée personne; Charles me fait la cour assidue d'un prétendant, m'accable de tendresse, de soin, d'adoration ; ma belle-mère idem. Je suis allée au bal cette semaine. J'avais une robe de mousseline faite à double jupe, dont la dernière était toute garnie de marguerites; dans les manches, sur ma tête, les mêmes fleurs; c'était charmant; et comme on m'a trouvée fort bien, j'ai trouvé ce bal fort amusant. Charles m'a fait en même temps la surprise d'une jolie jument gris-pommelé, mon rêve de dix ans! C'est ma possession, seule je la monte, et cet empire unique m'enchante. Je suis allée faire beaucoup de visites dans le voisinage, et de jolies parties de cheval; on me reçoit avec une grâce et un empressement fort agréables, et dont Charles est surtout bien heureux. *Vraiment je remercie Dieu du fond de mon âme, et de Charles qu'il m'a donné, et de la vie qu'il a ouverte devant moi.* Seule vous me manquez, et encore je sens que je vous reverrai souvent, et que j'aurai plus besoin de raison pour refuser ce bonheur que de prières pour l'obtenir.

Je suis toujours dans les maçons; ils n'avancent guère, sont odieux comme tous les ouvriers existants. Du reste, mon ménage va très-bien; je suis toujours approuvée par ma belle-mère, toujours devancée et devinée par mon mari. Mes domestiques sont, sinon parfaits, du moins empressés, gais et contents. Clémentine est une excellente fille, qui travaille bien, oublie presque tout, mais répare sans grognerie, et se laisse bourrer sans allonger la mine.

Adieu, ma chère petite tante; je t'écris comme un chat, et je t'aime comme un chien. »

Maintenant il est juste de donner quelques-unes des réponses que l'on faisait à Marie Cappelle, et qui, comme le disait si bien M. Paillet, attestent autant que ses propres lettres l'état de son cœur et de son esprit.

Mme la vicomtesse de Montesquiou à Mme Lafarge.

Ce 8 octobre 1839.

« .... Je tâcherai donc de ne plus penser que vous pourriez être avec nous, pour jouir, comme je le dois, de voir votre position fixée, et fixée d'une manière qui ne peut chaque jour que devenir plus heureuse, puisque vous me semblez rechercher tout ce qu'il y a de bon et d'estimable dans votre mari, pour vous y attacher de plus en plus. Oui, ma chère Marie, c'est bien là où vous pourrez trouver un bonheur durable. J'espère que votre esprit et votre raison vous guideront toujours dans ce sens, et que je vous entendrai répéter souvent : *Je suis une heureuse femme!* . .
. . . . »

M. Lafarge à sa femme.

Limoges, lundi soir, 20 novembre 1839.

« Il est dix heures, bonne petite Marie, et tu sais que c'est l'instant de ne songer à rien plus qu'à l'amour que nous avons l'un pour l'autre. Je suis éloigné de seize lieues de toi, et cette nuit va me laisser bien de la tristesse, lorsque, cherchant à mes côtés, ma main ne rencontrera plus l'objet de mes rêves et de mes pensées. Oui, mon ange, je te le répète, c'est un bien grand sacrifice pour moi que celui de ne pas t'avoir; penser à toi, la récréation en est douce et suave; penser que je t'aime, que je t'adore, rend mon cœur content; mais tu me manques... Me dire à moi-même qu'à l'heure où je t'écris tu m'aimes, que tu es toute à moi; ah! chère Marie, que cette pensée me rend heureux! Dans deux heures d'ici tu m'appartiendras pendant mon sommeil. Comme je vais t'embrasser, te serrer dans mes bras! Adieu, etc.

Ch. Lafarge.

Suivent, ma bonne petite, quelques recommandations qui, étant bien observées, me tranquilliseront beaucoup: la première, d'être bien prudente à cheval, etc. »

Mme de Martens à Mme Lafarge.

9 novembre 1839.

« .... Je ne puis t'exprimer toute la joie que j'éprouve de te savoir si heureuse dans ton intérieur et avec un si excellent et si tendre mari! Dis-lui mille choses aimables pour nous. C'est bien dommage que tu ne puisses ni ne doives l'accompagner! Avec quel plaisir nous te verrions ici! »

Mme *Lolo, gouvernante, à* Mme *Lafarge.*

18 décembre 1839.

« .... J'ai éprouvé un grand plaisir en causant *avec Monsieur*, qui vous aime tant. Dieu ! qu'il est heureux pour vous et pour nous d'avoir aussi bien rencontré ; et quand pourrai-je jouir de vous voir là tous les deux vous chérissant ? Je suis bien sûre que l'absence aura redoublé vos sentiments l'un pour l'autre. »

L'avocat général a prétendu que Marie Cappelle, convoitant pour elle seule les immenses bénéfices que promettait la découverte de son mari, le dirigeait dans ses démarches à Paris pour l'obtention d'un brevet ; et il en a tiré naturellement cette conclusion charitable, qu'elle a envoyé un gâteau empoisonné lorsqu'elle a été sûre du succès.

On va voir si toutes ces allégations ont quelque fondement ; si Marie Cappelle, au contraire, n'était pas l'instrument généreux et dévoué de son mari, lui donnant au besoin quelques conseils, l'aidant surtout de sa fortune et de ses relations, le soutenant dans ses démarches pénibles par des expressions sincères de sympathie et de tendresse.

Quoique nous n'ayons pas la correspondance entière des deux époux, les quelques lettres qui suivent suffiront pour prouver ce que nous avançons.

Lafarge à sa femme.

Lundi soir, 27 novembre 1839.

« Je suis on ne peut plus contrarié. M. Gauthier, que je n'ai pu aller voir que tantôt, ma malle n'étant arrivée que ce matin, part demain pour la Bourgogne. Il m'a dit être allé déjà au ministère pour mon affaire, et que tout marcherait à merveille ; mais lui, maintenant, ne peut rien activer. Il faut donc que tu écrives tout de suite à chat et à chien, afin qu'on s'emploie (bien le leur expliquer) : d'abord d'en parler au ministre du commerce, pour qu'il recommande au chef de bureau de faire tout de suite le travail y relatif ; prie le ministre de nommer *ad hoc*, ainsi de suite, les personnes de la commission.

Il est également indispensable que tout le monde recommande bien cette affaire au chef de bureau, en demandant privilége et préférence sur toutes affaires qui seraient avant celle-là ; puis, ce qui n'est pas d'une moindre importance, faire demander que l'ordonnance royale soit rendue sans délai, et soumise au roi pour être signée. Toutes ces formalités ne peuvent aller vite qu'à force de protections.

Faire ressortir combien il serait désagréable que je restasse longtemps à Paris, et que tu tiens essentiellement à ce que j'aie mon brevet en rentrant. Une petite lettre charmante, comme tu les écris, au maréchal Gérard, en lui disant que tu te reposes sur lui. »

(Une feuille détachée paraissant faire suite.)

« Chauffe Mme de Valence pour la petite croix que tu veux me voir, en lui disant que j'ai fait une découverte magnifique et des plus importantes de la métallurgie ; que, maire de ma commune, je me conduis avec distinction, et ai apporté de grandes améliorations dans l'ancienne administration. Enfin j'ai encore pour moi d'avoir sauvé six personnes qui se noyaient, et une autre trouvée dans une cheminée, la face contre terre, et que j'ai rappelée à la vie. J'ai grand nombre de témoins. Il faut donc que cette bonne Mme de Valence, qui t'aime tant, fasse donner le ruban à ton mari. Il en serait glorieux pour toi ; car toutes ses actions se rapportent à toi. »

Mme *Lafarge à son mari.*

Ce jeudi....

« Samedi soir, je revenais au Glandier ; je dormis peu et je pensai beaucoup à toi, mon bon Charles ; tu vois que nos cœurs se comprennent et qu'ils défient la distance. Repose-toi toujours sur celui de ta Marie; il renferme en lui d'intimes affections, inaltérables, dévouées, qui, pour ne pas être exprimées en caresses ou en paroles, n'en sont que plus concentrées et plus tiennes. Tout ce qui est mystérieux est beau, et la parole a sa modestie pour garder les doux mystères de l'âme. Ce que tu me dis me fait plaisir et espoir. J'aime M. de Sahune, j'aime le chef de bureau, j'aime tous ceux qui abrègent ton absence. Seulement, mon ami, mets de la prudence alors qu'il s'agira du retour; ta présence peut tout hâter, tout obtenir, et si l'on vous oublie présents à Paris, juge si les absents ont tort. La difficulté des affaires d'argent m'effraie horriblement; mais courage! avec la volonté ferme, l'homme est tout-puissant; plus que personne tu sais vaincre.

D'après ma lettre tu auras été chez Mme Wells; je doute que tu y aies réussi, mais tu n'as pas oublié sans doute de tenter M. de Rothschild par l'entremise de mon oncle de Martens. Tu auras pris des renseignements sur la possibilité d'exploiter ton brevet à l'étranger ou chez les maîtres de forges français; enfin, tu devrais voir des arrangements possibles avec associé; il faut tenter de tout et avoir plusieurs cordes à son arc. Il me semble impossible que tu reviennes ici sans une décision sur ce point; sans fonds tu ne peux tirer avantage de ton brevet. A Tulle et à Limoges, ils sont sans le sou. M. Elmore ne connaît personne à qui il puisse s'adresser; aussi je crois inutile de lui en écrire.

N'oublie pas que, pour mes affaires de Villers-Hellon, tu

es le maître; ce que j'ai est à toi; emprunte, vends, j'approuve tout d'avance. Il me semble que 30,000 francs sur-le-champ seraient indispensables pour acheter des bois.

J'ai été hier dîner et coucher à Vigeois, et je suis revenue ce matin sans accident et sans fatigue. Mme Fleygnat a été excessivement reconnaissante de ma venue; j'avais une jolie toilette, et j'étais assez passable pour flatter leur amour-propre de petite ville et de parents. Je fus fêtée par tous, et particulièrement par MM. Goudal et Duchaland. Mme L*** est une grande femme qui se pose en *saule pleureur* dans le coin de la cheminée, regrette Limoges, s'ennuie à mourir dans sa nouvelle famille, a de beaux yeux, de *superbes manières*, une vilaine bouche, beaucoup de nullité dans l'esprit, une jolie taille, beaucoup de vanité. J'affichai autant de bonhomie qu'elle mettait de roideur; elle se fit victime, moi heureuse; enfin, je voulus *écraser* ses airs de princesse, et on dit que j'ai bien réussi. M. Ferdinand lui-même se fit un peu moins que grosse et lourde b... pour me plaire! Miracle des miracles!

Adieu, mon cher seigneur et maître; je dépose mes petits succès à vos pieds. Aimez-moi, car je vous aime; regrettez-moi, car je vous regrette; embrassez-moi, car je vous embrasse de toute mon âme. Bonsoir. Je baisse ma tête pour que tu me donnes un tendre baiser sur mes yeux; en voici deux pour les tiens.

MARIE.

Voilà encore cet ennuyeux facteur qui manque, et comme

je crains un jour de retard pour ma lettre, je te l'envoie par Uzerche. »

M. *Lafarge à sa femme.*

3 décembre 1839.

« Cateau est venue me voir ce matin ; elle m'a amené la sœur d'André pour blanchisseuse. M. et Mme de Violaine étaient également ici, arrivés de Villers-Hellon ; ils sont partis pour Dourdan et doivent *revenir sous peu* pour aller habiter leur nouveau séjour.

Mon brevet, mon amie, je ne crois pas que je puisse manquer de l'obtenir ; je presse autant que je peux. La plus grande difficulté pour moi, c'est de trouver des fonds absolument indispensables. Cependant il ne s'agirait que d'un peu de bonne volonté pour nous procurer notre bien-être à venir. Une recommandation seule de la part de M. Garat, faisant mon éloge sur ma conduite, sur ma moralité, l'amour du travail que j'ai et mon désir d'acquérir de la fortune, suffirait...

.... Ainsi, ma chère amie, je crois que tout de suite il faut que tu écrives la plus belle lettre que tu aies écrite de ta vie à ton oncle Paul, lui parler de moi sur tous les points qui peuvent me faire inspirer de la confiance. Je crois que ta famille me croit léger, novateur, aimant à me lancer dans le nouveau sans rien calculer.

Il faut donc, de toute rigueur, mener la barque jusqu'au

bout, sonder ses amis et parents ; il faut donc écrire à
M. Garat de la manière convenable dans la circonstance,
bien lui expliquer qu'on ne demande pas ici son cautionnement ni aucun engagement que celui de dire que M. Lafarge, mari de sa nièce, est un industriel capable d'aller
très-loin ; qu'avant son mariage il a pris les renseignements les plus circonspects de personnes notables et très-honorables, et qu'il n'y a qu'une voix pour garantir sa
moralité, ses connaissances dans la partie de maître de forges, et sa prudence dans toute espèce d'affaires ; que la valeur donnée alors à sa propriété dépassait 200,000 francs ;
que depuis, par des documents plus certains, il avait acquis
la certitude que les faits annoncés étaient vrais, et que
même M. Sabatier, son gendre, en revenant de Toulouse,
y avait fait un séjour de dix-sept jours ; qu'il avait visité la
propriété, et qu'il l'avait trouvée très-belle et bonne, parfaitement située, ainsi que les bâtiments des usines, qui
sont neufs et très-considérables, bâtis dans un lieu renfermant les principaux éléments pour la fabrication du
fer.

Si, après cela, on ne se met pas en quête pour nous aider, je dis qu'il y a des anguilles sous roche, et que la jalousie s'en mêle ; car il n'y a pas d'engagement à prendre,
rien qu'un mot de bonne volonté et de la complaisance.

. . . .

Dis-leur de consulter Édouard sur sa propriété ; écris
deux mots à ce dernier, en lui disant que tu comptes sur
lui, sur son activité, pour m'aider à expédier mes affaires ;
recommande-lui de me presser chaque jour ; tu flatteras son

amour-propre. Je m'aperçois qu'il n'en manque pas, et toi, qui as tant de tact, ça ne t'a pas échappé non plus. Adieu, ma chère petite; écris vite : je voudrais tant en finir pour aller te serrer dans mes bras; *tu pourras copier beaucoup de choses dans ma lettre* pour les transmettre, car impossible que tu comprennes des affaires de ce genre; je te mets bien à la torture. Adieu. »

Mme Lafarge à son mari.

Ce jeudi...

« Oh! la vilaine procuration qui arrive sans un baiser de mon ami! Je déteste les affaires qui nous séparent; le temps me semble un siècle loin de toi. Je t'aime, mon Charles, je te le dis parce que je le sens de tout mon cœur, parce que le dépit, en recevant cette grosse lettre vide de toi et d'amour, me l'a prouvé à moi-même. Pour t'écrire ce soir, j'ai fait *ta toilette*; mes cheveux flottent, mes yeux brillent de souvenirs qui se rapportent tous à toi. Tu m'aimeras! mon miroir me le dit, et je l'en remercie, car il est doux d'espérer plaire à ce qu'on aime. J'ai lu ta lettre d'hier à notre mère : elle t'embrasse, et nous nous sommes un peu encouragées en lisant tes expressions plus calmes et plus espérantes.

Emma est repartie; j'en suis fâchée, car elle est gentille et nous aime bien. J'ai eu ce matin la visite de M. D***; il passa deux heures à causer assez lourdement. Je lui ai trouvé un *rhume de cerveau dans l'esprit*, et il m'a *éternué* quelques grosses naïvetés. (S'il n'avait fait trois lieues pour me voir, je dirais bêtises.)

M. Denis n'est pas encore de retour. La forge va bien, mais on craint une pénurie prochaine de charbon. MM. Magnaux et Léon nous tiennent rigueur. Je crois plus en la persuasion truffée qu'en celle épistolaire, et j'espère dans les estomacs bourrés par tes soins. Je t'en prie, ne reviens pas sans avoir tranché d'une manière ou d'une autre la difficulté d'argent.

Quoique je ne sois pas malade, j'ai ce soir une petite migraine qui me fait fermer les yeux et qui m'empêche de t'écrire plus longuement, sans faire cependant que je t'aime moins. Je vais me coucher et me soigner pour toi. Il faut que j'aie cette raison pour que je te quitte si vite, quand je t'aime si bien. Adieu ▢ trois fois du fond de l'âme.

MARIE. »

Ch. Lafarge à sa femme.

(*Sans date.*)

« L'idée de ces deux petits gâteaux de notre mère m'enchante, et surtout ton génie de vouloir me faire dîner avec toi. Maintenant il faut que je dise tout bas un petit secret : ici je compte les minutes, les heures, les jours, les quantièmes ; j'ai bien peur que tu n'aies pas assisté au dîner où tu m'avais invité, et voici comment : tu m'engages donc à manger, à minuit précis, le délicieux gâteau ; d'un autre côté, je vois dans ta lettre d'aujourd'hui que le 17 tu te proposes d'aller manger une dinde aux truffes. Ta lettre est timbrée du 17, et le 17 est précisément mardi, jour indiqué. Il est donc incontestable, ma petite femme, que tu m'auras fait faux bond, à moins qu'il ait fait aussi mauvais temps qu'à Paris, car tu n'aurais pu voyager. Moi, ce jour-là, j'étais invité à un gala ; j'ai refusé pour dîner avec toi.

Après cette petite course faite, je t'en supplie, bonne amie, reste chez toi pour suivre un régime bien observé. Si tu ne le fais pas pour toi, que ce soit pour moi : je te le demande en grâce. De tous côtés j'ai des notions sur toi ; je sais que tu es d'un tempérament très-frêle, que tu n'as jamais voulu te soigner ; cela fait mon désespoir à venir et me rendra la vie bien cruelle, si maintenant, comme tu me le dis, tu vis pour moi. Je sais que tu te trouves à peu près dans le même état où tu étais quand je fus forcé de te quitter ; tu vois que tu n'es pas encore bien forte ; tu simules cependant de bien manger, de bien aller. Je t'en supplie donc, Marie, si tu as de l'amour pour moi, soigne-toi comme je vais te le dire.

(Ici une nomenclature de prescriptions médicales.)

Au moment où je t'écris, moi, ma bonne amie, je suis un peu souffrant : j'éprouve une très-forte migraine. Je ne puis plus écrire, malgré ma bonne volonté. Adieu. »

Il est remarquable que Lafarge parle d'abord de deux petits gâteaux, ce qui prouve que sa femme n'avait pas supprimé la lettre de sa belle-mère qui devait mentionner plusieurs gâteaux ; suppression qu'aurait pourtant faite à coup sûr une femme coupable.—S'il s'exprime ensuite moins clairement, c'est que, devant souper avec Mme de Violaine, la sœur de Marie Cappelle, il fait allusion *au délicieux gâteau* que *lui* doit manger sur les deux qu'il attend.

Ch. Lafarge à sa femme.

Vendredi.

« Vite, vite, je t'écris, ma bonne chère petite femme, afin que tu ne portes pas peine de moi. Hier je te disais que j'étais souffrant en t'écrivant ; en effet, depuis les onze heures du soir d'avant-hier, j'avais eu continuellement de forts vomissements et une migraine affreuse... Mon brevet, ma bonne amie, va, je pense, bientôt toucher à sa fin ; il n'y a plus que cette malheureuse ouverture de crédit qui me tiendra maintenant. Que Léon se dépêche donc vite de m'envoyer les pièces que je lui ai demandées ; il doit déjà m'avoir envoyé par la diligence mon contrat de partage ; qu'il m'expédie le reste par le courrier, pour que je les reçoive plus vite. Hélas! qu'il me tarde d'être dans tes bras!

CH. LAFARGE. »

Ch. Lafarge à sa femme.

Samedi soir, 19 décembre 1839.

« O Marie! ma bien-aimée, que tu me comprends agréablement! Quoi! tu m'es rendue tout entière! Comme je t'aime! Je te retrouve dans ce doux portrait que je ne cesse d'appuyer sur mes lèvres et sur mon cœur, ressemblante au jour où, pour la première fois, je te vis si belle! Tu caches encore quelque chose sous un voile de modestie; mais mes yeux y pénètrent, entrevoient tout ce qui ne peut se voir...

Je te dirai, bonne et chère petite femme, que les affaires du brevet vont grand train ; la commission a déjà examiné et n'a pas soufflé le mot, ce qui prouve que je suis le seul inventeur. Maintenant on va soumettre les pièces à la signature, et j'espère être bientôt quitte de cet embarras. Il en est encore un autre : l'ouverture d'un crédit qui fait l'objet de ma sollicitude. Je suis à même d'entrer en négociation avec un des trois banquiers dont je t'ai parlé. Prie Dieu que je réussisse ; puis après je serai bien vite près de toi; mais avant j'ai peur qu'il ne faille encore des procurations, ce qui sera long pour aller et venir. Je compte sur l'activité que tu feras déployer pour me retourner le tout. Attendons d'abord que j'aie la peine d'envoyer, car je doute jusqu'à la fin.

En fait de plaisir, je n'en ai pas d'autre ici que celui de m'entretenir avec toi, mais aussi celui-là était-il bien doux, et il remplaçait pour moi tous les autres. J'ai donc dû renoncer à tous spectacles et opéras. Avec moi les affaires avant tout ; et le peu de temps qui me restait, j'aimais mieux l'employer à te dire et à te répéter que je t'aimais par-dessus tout, sans excepter le procédé; car c'est pour toi, et à cause de toi, que je veux en garder le privilége, parce que ton âme a passé dans la mienne, que ton cœur est venu se confondre avec mon cœur ; tes pensées ont exprimé la même chose que moi; enfin ta vie a fait et fera la mienne dans ce monde comme dans l'autre; tu sais que je te l'ai promis; *je te le jure, écrit de mon sang* (1). Je n'ai trouvé rien dans mon imagination qui pût mieux te le confirmer; et je me suis fait une petite blessure; et je m'en ferais une bien plus grande par amour pour toi, s'il le fallait. Ne doute donc jamais, pas plus de la force de caractère et d'une résolution bien prise par ton mari, que de l'amour et de l'inviolable amitié qu'il a conçus pour toi, et qu'il gardera toujours, comptant sur ta félicité à venir, que lui seul veut te procurer; gardant pour otages ton amour et cette fidélité si belle à toute épreuve que tu m'as promise devant Dieu et devant les hommes. Tiens, tes cheveux sont ▭ (2) ; je les

---

(1) Ces mots étaient effectivement écrits avec du sang.

(2) Là se trouvait dans un carré un petit bouquet de cheveux fixé au papier avec de la cire rouge. Ces carrés faits avec quatre traits de plume,

couvre de mes baisers; je veux t'en envoyer des miens; car tu n'as rien gardé de moi : tu ne penserais peut-être plus à ton Charles.

Embrasse souvent ma bonne mère pour moi; dis-lui que je l'aime et que je ne l'oublie pas. Je ne veux aller au spectacle et à l'Opéra qu'après avoir tout terminé, ou que je serai très-sûr; car, après avoir tout terminé, l'impatience d'aller me jeter dans les bras de ma bonne Marie ne me donnerait peut-être pas le temps de choisir mes jours. Je t'aime mieux toi une minute que tous les opéras du monde, et pendant des années entières.

Ch. Lafarge. »

La date de cette dernière lettre prouve peremptoirement que Lafarge n'a commencé à compter sur son brevet que plusieurs jours après l'envoi des gâteaux par sa femme; celle-ci ne pouvait donc avoir tenté de l'empoisonner par la substitution d'un seul gâteau avant d'être sûre de la réussite. M. l'avocat général a fini par en convenir, tout en disant que *les dates ne faisaient rien à l'affaire.*

Voici une lettre à sa belle-sœur, Mme Buffière,

---

qui se rencontrent souvent dans la correspondance des époux, sont sympathiques : celui qui écrit y appose ses lèvres, et le destinataire doit également y appliquer un baiser.

qui s'est depuis montrée si cruelle à son égard.

Mme Lafarge à Mme Buffière.

(*Sans date.*)

« Merci de votre bon petit mot, chère sœur, et doublement merci pour le petit filleul que vous me donnez si gracieusement. J'ai déjà une affection de cœur pour cet imperceptible petit être, et je lui promets d'être une tendre et dévouée marraine. Léon vous a-t-il parlé du nom de Max, que nous trouvons si joli et si distingué? Je serais fort heureuse que ce cher enfant, que vous me permettez d'adopter et d'aimer doublement, puisse le porter un jour avec bonheur !

Je suis triste de vos souffrances, pauvre amie ; je souffre aussi de mon estomac, mais je n'espère pas comme vous en tirer dans l'avenir un cher petit être. Je crois que ma petite Jacqueline est encore loin de nous; notre mère seule la met pour quelque chose dans mes ennuyeux vomissements.

Je ne crois pas encore à son existence, mais je l'aime déjà de toutes mes pensées.

Adieu, chère petite sœur ; croyez que je sais bien vous aimer et qu'il me tarde d'aller vous embrasser de toute mon âme.

MARIE.

Pas de nouvelles de Charles ces jours-ci. »

Enfin voici quelques lettres de nouvelle année qu'elle écrivait, l'une à Mme de Violaine, sa sœur chérie, celle qu'elle avait conviée au repas sympathique du gâteau ; les autres, à des dames de haut rang qui l'avaient accueillie et appréciée avec la plus grande bonté, et qui sont restées au nombre de ses plus fidèles croyants.

A Mme de Violaine.

Ce mardi, 31 décembre 1839.

« Je veux finir et commencer mon année près de toi, ma bien chère petite sœur. Dieu te comble de ses bénédictions, ma chérie! qu'il te donne un beau garçon ; qu'il arrive sans trop déchirer tes pauvres entrailles ; qu'il soit loyal comme son père, bon comme toi !

Enfin, si tu me permets de lui donner quelque chose parmi ce que j'ai de moins mauvais, je veux lui inoculer un peu de cette ambition qui sèche mesquinement dans mon cœur de femme, mais qui serait un puissant mobile chez un homme qui pourrait donner vie à ses pensées.

Ta lettre m'a rendue doublement heureuse en me disant d'abord que tu te portais bien, puis en me faisant part de cette *lettre perdue*, pour laquelle mon cœur ne pouvait s'empêcher de te bouder un peu.

Tu sais si bien que je prends la moitié de ce qui t'arrive qu'il doit m'être permis de me plaindre quand tu ne m'apportes pas ma part.

J'espère que cette fatigue d'un déménagement aura été plus salutaire que nuisible à ta santé. On dit que l'exercice facilite les couches; promène-toi donc chaque jour, baigne-toi quelquefois.

J'ai tant de désir d'être aussi un peu ronde que je l'espère un peu en ce moment. J'ai des maux de cœur affreux, un dégoût universel. Déjà je ne vois, je ne rêve que ma petite Jacqueline. Quand je ne dors pas la nuit, je la vois d'abord tétant, puis marchant, puis plus grande, puis plus belle; enfin je la marie, et je me préoccupe excessivement de son bonheur intérieur. Tu dois comprendre et connaître cette espèce de folie maternelle, et je suis sûre que ton fils ne te donne pas moins de sollicitude. Dis-moi donc son nom. J'aime à aimer jusqu'aux saints qui président à la vie de mes chers amis.

J'attends fort impatiemment mon mari; le mal du pays me gagne, et comme je n'ai pas reçu de lettres ce matin, j'espère qu'il me surprendra demain....

J'ai été assez souffrante ces jours-ci, et j'ai gardé le lit avec de violents maux de tête. Aujourd'hui je suis presque bien. Clémentine me soigne à la *Lolo* : c'est une bonne, excellente fille, un peu oublieuse, mais toujours contente, et qui sait vous aimer si elle oublie quelquefois de bien vous servir....

Parle-moi donc de Victorine? Crois-tu qu'on veuille la marier ou qu'il y ait quelque chose en train? J'avais trouvé ici un jeune homme, bien, noble, riche, marquis, et on m'a répondu d'une manière si diplomatique que je ne sais que penser, et que je crois vraiment qu'elle veut garder sa main jusqu'à la majorité du comte de Paris, peut-être jugé digne d'elle!

J'ai reçu de bonnes lettres de Sophie; elle va bien, toujours virginalement isolée et ennuyée.

Le pauvre Eugène est bien résigné et bien fort vis-à-vis le nouveau malheur qui l'accable.

Adieu, mon Tonin chéri; je t'aime et t'embrasse de toute mon âme. Les plus tendres choses à Félix.

MARIE. »

A Mme *de Valence.*

31 décembre 1839.

« Je ne veux pas commencer cette année sans aller vous demander un souvenir, madame, et sans vous porter mes vœux intimes. Je prie Dieu de vous garder bien longtemps l'affection de ceux qui sont fiers et heureux d'avoir une petite place dans votre pensée ; je le prie de tout mon cœur de bénir vos enfants, de rendre moins profond le vide qu'un de ces petits anges a laissé dans votre âme. J'ai été bien heureuse et reconnaissante de la bonne réception que vous avez bien voulu faire à mon mari, et rien ne pouvait m'être aussi doux que de le voir apprécié par vous. Je sens vivement le bonheur d'être aimée, et, après être restée orpheline, en dehors des premières affections de tout ce qui m'entourait, j'éprouve une grande jouissance à être le but et le mobile des actions, des pensées d'un bon et noble cœur. L'absence de M. Lafarge, en me laissant un grand vide, m'apportait cependant les plus tendres lettres, et ce réveil de chaque matin, les soins de ma maison, des livres, mon piano, ne laissèrent pas pénétrer l'ennui dans ma solitude.

Ma santé est assez mauvaise; mais, quoique j'aie mille raisons pour ne pas espérer une gentille petite cause, je veux cependant ne fonder mes calculs que sur mon dégoût de nourriture et mes maux de cœur continuels. Je ne rêve que ma petite fille, que je vois déjà grande, presque mariée. Oh! je vous en prie, chère madame, rêvez un peu avec moi à cette chère petite illusion, et accordez-lui un peu de l'affection qui rend votre Marie si reconnaissante...

Lili serait bien gentille de m'écrire quelques bons et longs détails sur tout ce qui vous entoure; veuillez l'embrasser de ma part et me rappeler au bon souvenir de mesdames vos filles.

Adieu, chère madame; j'embrasse vos mains de tout mon cœur, et je vous demande un souvenir pour ma respectueuse et tendre affection.

MARIE LAFARGE, de Glandier. »

A Mme de Montesquiou.

Le 31 décembre.

« Permettez-moi, chère madame, de venir vous demander un souvenir au commencement de cette année, et aussi vous porter les vœux intimes que mon cœur forme pour votre bonheur.

Loin des miens et de mes premières affections, j'éprouve le besoin de combler avec la pensée toute la distance qui m'en sépare, et, ne pouvant donner aux chers absents la première journée de 1840, je veux au moins prier Dieu de leur envoyer toutes mes bénédictions et de me garder une petite place parmi eux.

Je vis bien solitairement depuis six semaines, et l'absence de M. Lafarge me prouve chaque jour combien je m'étais habituée à cette douce vie d'intérieur et d'affection, et combien je souffrirais s'il fallait encore porter cette vie sans en partager les peines et les joies. J'espère bien oublier demain la tristesse de l'absence dans le bonheur du retour, et j'éprouve déjà ce sentiment d'attente que l'on ne s'avoue pas tout haut, mais qui fait tressaillir au bruit de pas plus précipités, ou d'une porte qui s'ouvre comme il l'ouvrait !

Le résultat de cette séparation a été aussi fort heureux. Le brevet est obtenu, et nous allons commencer cette nouvelle méthode de fabrication qui, économisant la moité du combustible et du temps, doit nécessairement amener de grandes améliorations dans nos forges.

J'ai été bien reconnaissante de la bonne recommandation de M. de Mornay.

Veuillez la lui exprimer, madame, lui dire combien je suis fière et heureuse de pouvoir compter ainsi sur l'intérêt et la participation des meilleurs et des plus chers amis de ma pauvre mère...

Le temps est si beau, si doux, que je vais vous chercher à Long-Pont, bien occupée de vos plantations et peu désireuse de changer cette active et utile vie de châtelaine contre les plaisirs vides et brillants de Paris.

Je vous assure que je ne m'aperçois nullement de ma solitude ; j'écris beaucoup, je lis, je fais de la musique sur mon excellent piano. Je sors un peu, je m'occupe de la forge avec un intérêt toujours plus vif.

Adieu, chère madame ; daignez me garder toujours l'indulgent intérêt dont je sens si vivement le prix, me permettre d'embrasser votre main de tout mon cœur, et recevoir l'assurance de ma respectueuse affection.

MARIE LAFARGE, de Glandier. »

Nous terminerons nos citations par les deux lettres suivantes, écrites par M. de Mornay et par Mme de Montesquiou aux défenseurs de Marie Cappelle, peu de jours avant les débats criminels.

Long-Pont, ce 6 août 1840.

« Il y a plus de trente ans que M. de Montesquiou est en relations de voisinage et d'amitié avec la famille de Mlle Cappelle. Depuis plus de vingt ans que j'habite ce pays, les mêmes liens se sont établis entre moi et les siens, et, sans m'étendre ici sur mon attachement pour eux tous, je dirai seulement que la mère de Mlle Cappelle étant plus habituellement chez son père, M. Collard, mes relations d'amitié ont été plus particulières avec elle. De là mon intérêt et mon affection pour sa fille, que j'ai pu observer de bonne heure, et chez laquelle j'ai constamment reconnu des sentiments de douceur, d'extrême bonté pour tous ceux qui avaient recours à elle. Sa mère lui avait appris dès son enfance à se faire aimer de ce qui l'entourait, à soigner les pauvres dans leurs maladies, à les aider dans leurs besoins avec une charité sans ostentation qu'on l'a toujours vue exercer depuis. J'avoue que toutes ses bonnes et nobles qualités ont fait encore plus d'impression sur moi que l'agrément de son esprit, et le témoignage que je lui rends aujourd'hui ne sera certainement démenti par aucun habitant de ce pays, où elle a reçu mille preuves d'attachement tout personnel.

Recevez, etc.

MORNAY, vicomtesse de Montesquiou. »

Beauvais, ce 26 août 1840.

« Je n'aurais qu'une appréciation morale à faire de la vie de Marie Cappelle, étant lié depuis longues années avec toute sa famille; et à cet égard je n'hésiterai pas à proclamer aujourd'hui plus que jamais les droits qu'elle s'était acquis à l'estime publique et à l'affection de tout ce qui l'entourait, tant par son dévouement et sa tendresse pour les siens que par les sentiments d'humanité et de générosité dont elle a donné plus d'une preuve.

Tant de nobles qualités doivent être jusqu'à ce moment pour des hommes impartiaux une garantie contre les horribles soupçons qui s'élèvent aujourd'hui contre elle, et pour mon compte je les repousse jusqu'à ce que l'évidence me soit apportée.

Recevez, etc.

Le marquis de MORNAY,
Député de l'Oise.»

Nous allons maintenant reprendre la vie de Marie Cappelle au Glandier, et discuter les dires des principaux témoins. Nous renvoyons aussi au récit simple, attachant et profondément vrai que Marie Cappelle a tracé de ce douloureux épisode de sa vie dans le deuxième volume de ses Mémoires.

XII

M. Lafarge arrive malade au Glandier ; il entre dans la chambre de sa femme, qui le reçoit avec tendresse ; puis il se met au lit pour ne plus se relever.

Quelques heures après son retour, on sert à sa femme les débris d'une volaille aux truffes. Marie Cappelle mange près du lit de son mari; elle lui donne, sur sa demande, quelques parcelles de truffe; il en mange et est saisi de vomissements.

On n'a pas dit, mais on a laissé deviner que

sans doute les truffes présentées par Marie Cappelle étaient empoisonnées.

Quand on a pris le parti de tout incriminer, on s'expose souvent à d'incroyables méprises ; mais, puisque bien des gens ont cru sérieusement à l'empoisonnement par truffes, il nous faut essayer une réponse à cette partie de l'accusation.

Marie Cappelle mange sa volaille et ses truffes ; elle ne s'empoisonne pas, bien entendu. Son mari désire prendre part à son repas, et la truffe, inoffensive pour Marie Cappelle, devient tout à coup empoisonnée pour M. Lafarge ! Quelle absurdité !

Ou bien il faudra dire que, sur son assiette, elle avait séparé les truffes non dangereuses de celles destinées à son mari ; qu'elle ne touchait pas aux dernières, et que lui ne s'emparait jamais des premières. Cette explication n'est pas moins absurde que la première, et nous ne pouvons, sur un fait si simplement expliqué par Marie Cappelle dans ses Mémoires, prolonger davantage une discussion qui nous paraît ridicule.

Lafarge était donc malade; il vomissait, et, son état s'aggravant, on avait mandé un médecin, M. Bardon.

Nous l'avons déjà dit : M. Bardon n'avait reconnu d'abord aucun symptôme dangereux ; la maladie lui semblait une irritation ordinaire, et il n'y opposait que des remèdes ordinaires. Cependant le mal empira ; des symptômes plus sérieux se firent remarquer. M. Bardon demanda qu'on lui adjoignît un médecin : M. Massénat fut appelé.

Comme son confrère, M. Massénat trouva le malade douloureusement atteint, mais sans gravité ; ensemble et d'accord ils ordonnèrent de l'eau panée, des laits de poule, de l'eau rougie, et se retirèrent, rassurant M. Lafarge, rassurant la famille, convaincus que la fatigue seule avait causé l'état d'irritation qui se manifestait chez le malade, et que le calme reviendrait avec le repos. Marie Cappelle seule partagea ces espérances; Mme Lafarge mère et sa famille restèrent persuadées que la maladie avait une immense gravité, et leurs inquiétudes devinrent telles que M. Bardon disait à un témoin, en lui

parlant de Marie Cappelle pendant la maladie :
« Il n'y a qu'elle de raisonnable ; les autres perdent la tête. »

Il est de fait que le mal ne diminuait pas.

Nous voilà au 11 janvier 1840 ; un lait de poule vient d'être préparé pour le malade par Marie Cappelle ; on y remarque une substance blanche qui dépose au fond du vase ; M. Bardon, consulté, attribue ce mélange à la chute d'un peu de cendre ou de chaux.

Le médecin parti, on essaie d'un autre lait de poule ; on veut avec de la chaux ou de la cendre obtenir un résultat semblable au premier; on n'y parvient pas, et tout à coup une horrible pensée se présente à l'esprit de la famille Lafarge : on s'écrie qu'il est empoisonné, empoisonné par sa femme !

Sans réflexion, sans certitude, on fait part au malheureux malade du soupçon affreux qui gagne ses parents. Qu'on juge de son désespoir! Son état empire; chaque instant amène des crises plus graves ; on court chercher un troisième médecin, M. Lespinasse, sans prévenir les autres; et lorsqu'il arrive, instruit du crime qu'on prête à Marie Cappelle, armé de son contre-poison, il ne trouve plus qu'un mourant se débattant dans des convulsions physiques horribles et dans des convulsions morales plus épouvantables encore.

Lafarge expire le 14.

Il nous faut suivre maintenant pas à pas ce drame, dont nous n'avons donné que le résumé bien rapide. Nous voulons être modérés dans l'appréciation des faits, car notre mission est de défendre, et non pas d'accuser.

Si nous contestons certaines dépositions, nous le ferons avec des dépositions contraires; la lutte ne s'établira pas entre nous et les témoins, mais seulement entre les témoins.

Plaçons ici une courte et douloureuse réflexion : chacun la comprendra sans que nous ayons besoin de commentaires.

L'agonie de Lafarge n'avait certainement pas sonné; les médecins ne remarquaient aucun symptôme alarmant; ils ne demandaient que du calme pour rétablir cette organisation fatiguée;

et voilà que, sur un soupçon, engendré dans leur cerveau malade, avant d'avoir consulté personne, une mère, une sœur, viennent dire à leur fils, à leur frère, qu'il est empoisonné, et empoisonné par la main la plus chère ! Et pourquoi cette effroyable annonce, qui est peut-être une abominable calomnie ?

Vous croyez qu'on empoisonne M. Lafarge ? Veillez sur lui, ne l'abandonnez pas ; opposez-vous à ce que sa femme lui offre aucun breuvage ; si elle insiste, dites-lui, à elle, le soupçon dont vous l'accablez ; mais porter ce doute affreux dans le cœur de cet homme, le lui tourner comme un poignard, c'est la mort, une mort certaine ! Il n'est pas un homme dans la position de Lafarge qui puisse survivre à une aussi exécrable parole.

Loin de le calmer, loin de le consoler, vous lui apprenez qu'il est empoisonné depuis quinze jours par cette femme qu'il idolâtre ; moins empressées de le sauver que d'établir une accusation contre Marie Cappelle, ce n'est pas un médecin que vous courez appeler (et c'est pressant pourtant s'il est empoisonné !); vous envoyez bien loin chez un chimiste porter un breuvage à décomposer, et vous écrivez à Paris de rechercher les débris de gâteaux que vous croyez empoisonnés !

Oui, cette fatale révélation était le plus inexorable poison qu'on pût donner à cet homme ; il devait y périr.

C'est le 11 janvier 1840 que les premiers soupçons de l'empoisonnement se sont ouvertement déclarés ; mais, depuis longtemps déjà, une rumeur vague, indécise, laissait circuler l'accusation qui, plus tard, devait frapper Marie Cappelle. Chose incroyable ! on parlait d'empoisonnement dans cette maison comme d'une chose toute simple. On avait entrevu le fatal dénoûment de la vie de M. Lafarge ; l'idée d'un crime avait frappé toutes ces imaginations, et l'accusation portée contre Marie Cappelle ne fut que le terrible écho de ces anxiétés désolantes.

Nous n'expliquons pas ce fait, nous le constatons seulement. Oui, il est certain, d'après les débats, qu'on s'attendait à un crime, que les mots d'empoisonnement étaient devenus comme un langage usuel, et il est certain aussi que dans le Glandier, autour du Glandier, au loin, alors que Lafarge vivait heureux dans l'amour de sa femme, que sa santé forte et robuste ne donnait aucune inquiétude, on annonçait la fin terrible qui devait le surprendre. Plus encore, on annonçait qu'il expirerait victime de sa femme.

Aux débats on a voulu expliquer ce fait: un mot de la lettre du 15 août, où Marie Cappelle parle d'arsenic, aurait été la cause de toutes les terreurs. Nous ne voulons pas discuter l'invraisemblance et la cruauté de ce raisonnement; nous dirons seulement, sans accuser personne, que Marie Cappelle étant innocente, celui qui a commis, sinon un crime, au moins l'apparence d'un crime, a dû éveiller partout et à l'avance une vague croyance au forfait qui devait être révélé plus tard.

Mais revenons aux détails de l'accusation.

LAIT DE POULE.

L'accusation reproche à Marie Cappelle d'avoir, le 11 janvier, versé une quantité considérable d'arsenic dans un lait de poule qui devait être donné à son mari. Elle en trouve la preuve dans les dépositions de Mlle Brun, de Mme Lafarge mère et de Mme Buffière.

Mlle Brun, couchée dans un lit placé au pied de celui de Marie Cappelle, voit celle-ci verser une poudre blanche et la remuer avec son doigt dans le lait de poule. A ses questions, Marie Cappelle répond qu'on y a mis de la farine; plus tard, à l'entrée de Mme Lafarge mère dans cette chambre, l'accusée dépose précipitamment le vase qu'elle a dans les mains. Cet effroi n'échappe pas à Mlle Brun. A la sortie de Mme Lafarge, Marie Cappelle s'empare de nouveau du vase, et continue à remuer avec son doigt la poudre qu'elle y a versée.

C'est ce lait de poule, dans lequel M. Bardon n'a vu d'abord qu'un mélange de cendre ou de chaux, qui excite les soupçons de Mmes Lafarge et Buffière au point qu'elles vont tuer le pauvre malade en les lui communiquant; c'est ce lait de poule qui, porté à Uzerche par le commis Magnaux, chez M. Eyssartier, se trouva plus tard contenir une grande quantité d'arsenic.

Le ministère public trouva dans ce fait une démonstration sans réplique, et nous n'y voyons que des impossibilités. Les allégations contraires sont acquises au débat, et les divergences dans les témoignages prêtent à la défense des armes toutes-puissantes.

Prenons le fait dans toutes ses parties.

Le lait de poule qui devait être donné à M. Lafarge avait-il été conseillé par Marie Cappelle?

Non ; un lait de poule avait été fait pour elle; son mari avait désiré, dit-on, le partager ; mais cette demande avait été connue trop tard de Marie Cappelle ; elle avait tout bu. Pour ne pas contrarier le malade, on résolut de préparer un nouveau lait de poule et de lui laisser croire que c'était une partie de celui de sa femme.

Ce breuvage est préparé et porté près du feu dans la chambre du malade, qui repose en ce moment. Marie Cappelle est couchée, ainsi que Mlle Brun, dans un appartement voisin. Le lait de poule est apporté sur sa table de nuit. Mlle Brun dépose que c'est sur la demande de l'accusée;

Clémentine, qui a apporté le lait de poule, soutient que sa maîtresse, étonnée de le voir sur sa table de nuit, a ordonné de le reporter dans la chambre de M. Lafarge. Il y a donc, sur ce premier fait, dénégation donnée à Mlle Brun. Et Clémentine, continuant sa pensée, ajoute :

« M. Lafarge avait désiré le lait de poule de sa femme ; on voulait lui faire croire que c'était bien le même, et pour cela on le plaçait en attendant chez Mme Marie, afin qu'à son réveil il aperçût qu'on le lui apportait de cette direction. »

Sur cette première circonstance l'explication de Clémentine, qui décharge entièrement Marie Cappelle, paraît suffisante ; mais continuons.

Mlle Brun a vu l'accusée verser une poudre blanche et la remuer avec le doigt.

Est-ce possible ? Comment Mlle Brun, couchée au pied du lit de Mme Lafarge, séparée par un rideau, a-t-elle pu voir ce qui se faisait dans le lit de sa voisine ? Il faut, ou que, déjà livrée au soupçon, elle se soit soulevée pour examiner plus attentivement, ou que Marie Cappelle soit à moitié sortie de son lit pour préparer ce mélange.

Mlle Brun n'avait pas encore de soupçons, elle le déclare ; aussi, pour expliquer ce qu'elle a vu, elle ajoute qu'elle descendait de son lit au moment où Mme Lafarge versait la poudre blanche.

Cette déclaration conduit à une objection sérieuse. Le bruit fait par Mlle Brun en se levant, a dû exciter l'attention de l'accusée ; son mélange n'est pas commencé, puisque Mlle Brun en a vu le commencement ; elle va donc attendre la sortie de ce témoin, dans la crainte qu'elle ne soit observée et découverte.

Mais, dira-t-on, Marie Cappelle a voulu payer d'audace ; et, consommant son crime aux yeux de tous, elle s'est crue mieux défendue par cette apparence évidente que par la plus minutieuse précaution.

Mais c'est encore impossible, car cette audace ne s'accorde pas avec la déposition de Mlle Brun.

Que dit-elle, en effet ? Étonnée de ce qu'elle voit verser dans la coupe de M. Lafarge, et du doigt de Mme Lafarge qui s'agite toujours dans cette coupe, elle l'interroge ; et Marie Cappelle, l'audacieuse Marie Cappelle, qui devait s'attendre à bien des questions, lui répond en hésitant:

« On y a mis de la farine. »

Puis, après cette réponse incroyable, Mlle Brun questionne encore ; Marie Cappelle se tait.

Ce n'est pas tout: l'accusée, qui s'est déjà trahie dans l'embarras de sa réponse, va bien mieux encore laisser pénétrer son horrible secret. C'est encore Mlle Brun qui nous le dit.

Mme Lafarge mère entre par hasard dans l'appartement de sa belle-fille ; à son approche, Marie Cappelle dépose avec précipitation sur la table de nuit le vase qu'elle avait à la main ; elle se trouble... Mais, afin sans doute de laisser à Mlle Brun le loisir des suppositions, Mme Lafarge mère sortie, Marie reprend le vase, et continue à y remuer la poudre blanche.

Comment croire à de semblables circonstances? Ou Marie Cappelle, audacieuse, ne tremblera ni devant sa belle-mère ni devant Mlle Brun, et alors ses réponses ne seront pas équivoques, et alors elle ne se cachera pas de l'une pour se dévoiler à l'autre ; ou Marie Cappelle, prudente, artificieuse, préparera son crime silencieusement, et s'éloignera surtout de témoins aussi curieux que l'est Mlle Brun.

Marie Cappelle, coupable, s'apercevra, aux questions de Mlle Brun et à sa tenue, qu'elle est l'objet de ses soupçons, et son premier soin sera de faire disparaître le breuvage, soit en le répandant, soit en le cachant; mais ira-t-elle, après les indices qui lui prouvent qu'elle est surveillée, abandonner sans soin, sans précaution, ce lait de poule, dont les traces criminelles doivent être évidentes, puisque la quantité d'arsenic qu'il contient en forme comme une pâte, d'après le rapport des chimistes auxquels il a été présenté.

Résumons-nous : Si Mlle Brun dit vrai, Marie Cappelle a dû savoir que sa conduite était découverte ; si le lait de poule représenté par l'accusation est le même qui est sorti de la chambre de Marie Cappelle, celle-ci n'a pu abandonner ainsi une préparation tellement épaisse que le malade n'aurait pu la boire, et qu'elle devait nécessairement fixer l'attention de tous ceux qui la verraient.

Il n'est pas possible, sous quelque point de vue qu'on l'envisage, que le fait soutenu par l'accusation puisse résister à la raison la plus vulgaire.

Mais le lait de poule est porté chez M. Lafarge : l'explication de son mélange est donnée par M. Bardon. On n'avait pas de soupçon : on aurait donc dû, il semble, préparer un autre lait de poule et se débarrasser de celui-là. Cependant on conserve ce lait de poule, et puis, malgré les paroles rassurantes du médecin, on essaie à plusieurs reprises pour obtenir une apparence identique à celle déjà trouvée.

Mais pourquoi cette recherche? Le plus pressant est de donner au malade le breuvage qu'il attend... Explique qui pourra cette étrange conduite.

Tout cela, du reste, est excessivement vague dans les dépositions du témoin. Chacun veut se donner une large part dans la découverte du crime. Suivant Mme Lafarge et Mme Buffière, tantôt elles ont été frappées elles-même de l'aspect qu'offrait le lait de poule, tantôt c'est M. Lafarge qui, après en avoir bu une gorgée, l'a repoussé en indiquant la pâte blanche qui le rendait épais ; puis c'est Mlle Brun qui, voulant garder tout l'honneur de sa découverte, affirme que c'est elle qui a montré à Mme Buffière les traces qui ont été observées.

Toujours est-il que cette partie du débat est incertaine, et que l'accusation n'a pu établir les points les plus importants, c'est-à-dire le moment où des signes étranges ont été remarqués dans le lait de poule, ni préciser la personne qui a fait cette observation.

Que reste-t-il donc à l'accusation ? La première partie de la déposition de Mlle Brun, dont nous avons démontré l'invraisemblance et l'impossibilité, et le résultat donné par le lait de poule. Mais ce résultat ne peut être rigoureusement attribué à Marie Cappelle, car l'enchaînement des circonstances a été rompu, et l'on ne peut pas prouver qu'après la sortie de l'appartement de Marie Cappelle personne n'a versé du poison dans le breuvage préparé pour M. Lafarge.

EAU PANÉE, VIN SUCRÉ.

Mlle Brun devait encore voir bien d'autres circonstances étranges. La tentative d'empoisonnement de Marie Cappelle avait sans doute besoin d'un témoin, d'un témoin officiel, car elle affecte de préparer tous ses breuvages, de verser son arsenic sous l'œil vigilant et questionneur de Mlle Brun.

Le matin, c'était le lait de poule; le même jour, un peu plus tard, c'est du vin sucré, de l'eau panée.

Écoutez les détails donnés par le témoin.

Le même jour, Mme Lafarge prit un verre et y mit du vin et du pain. J'étais alors tournée du côté de la commode; j'entendis ouvrir le tiroir de cette commode et remuer quelque chose.

Mme Lafarge fit aussi de l'eau panée. Elle donna à son mari de ce vin sucré. M. Lafarge dit que cela le brûlait.

« Que dit-il? demandai-je à Mme Marie.

— Il dit que cela le brûle, mais ce n'est pas étonnant : on lui donne du vin, et il a une inflammation ! »

Elle prit ensuite le verre dans lequel était tout le vin et alla le laver immédiatement.

Je m'approchai du lit, et je vis sur le bol qui contenait la panade une poudre blanche en petite quantité.

Quelle confusion de breuvages, de bols, de verres! Et c'est sur une pareille déposition, qui a sans cesse varié, dont plusieurs circonstances sont inexplicables, que le ministère public a basé principalement son accusation!

EAU SUCRÉE.

Mlle Brun a vu également verser de la poudre blanche dans l'eau sucrée; c'est alors seulement que l'accusée s'est aperçue qu'elle était remarquée.

Il faut avouer que sa prévoyance et sa perspicacité n'étaient pas bien grandes, car depuis le matin Mlle Brun ne lui ménageait ni les soupçons ni les réflexions. Enfin elle découvre qu'elle est soupçonnée. Que faire? Elle va se débarrasser de cette eau empoisonnée, la répandre, briser le vase, trouver un prétexte?

Non; Marie Cappelle n'est pas une empoisonneuse ordinaire, et si elle empoisonne au grand jour, sans craindre les regards et les observations de tous ceux qui l'entourent, elle sait aussi, pour détruire les preuves qu'elle a pris plaisir à accumuler contre elle, exposer courageusement sa vie.

Entendez Mlle Brun : un verre renferme de la poudre blanche, de l'arsenic; Marie Cappelle le remplit d'eau, et avale bravement elle-même cette potion qui doit infailliblement la tuer.

Où sommes-nous, grand Dieu! Voilà une empoisonneuse qui avale une de ces doses énormes d'arsenic qu'elle est accusée de distribuer si généreusement à son mari! Elle va sans doute trouver la mort qu'elle affronte si résolument; elle va du moins éprouver tous les symptômes de l'empoisonnement! Eh bien, ô miracle de la cause! Marie Cappelle n'en sera pas même indisposée...

Elle a vomi, dit-on, dans la nuit du 11 au 12; mais on aurait dû dire qu'elle avait vomi dans la nuit du 10 au 11, comme elle vomissait toutes les nuits depuis bien longtemps. Le 12 au matin elle était debout, près de son mari, sans être autrement incommodée de la dose d'arsenic qu'elle avait absorbée.

PETIT POT A POUDRE BLANCHE,

FLANELLE, ETC.

Mlle Brun nous réserve une particularité plus curieuse encore que les précédentes.

Mme Lafarge, pour le lait de poule au moins, avait pris *son arsenic* dans un paquet qu'elle seule possédait; mais, pour la panade et l'eau sucrée, elle n'use pas même de cette précaution. Pour trouver le poison plus à sa portée, elle en a rempli un petit pot déposé dans un tiroir toujours entr'ouvert d'une vieille commode qui ne ferme plus. Elle puise là chaque fois qu'elle en a besoin; elle y puise même si maladroitement qu'elle laisse de longues traces blanches sur le bois et sur la commode. Chacun les voit; à tous les instants on s'approche de ce meuble pour y prendre ou y déposer quelque objet. Il n'est pas possible que ce pot ne soit reconnu et ne devienne suspect; mais qu'importe à Marie Cappelle? Ce qu'elle cherche, ce qu'elle veut par-dessus tout, c'est être accusée de l'empoisonnement de son mari; car il n'est pas une circonstance qui ne livre avec ostentation l'accusée à ses juges.

Parlerons-nous maintenant d'une pièce de flanelle qui a servi à frictionner M. Lafarge, et que sa mère croyait recouverte d'arsenic, tandis que les chimistes n'y ont rien trouvé de suspect?

Parlerons-nous aussi de cette potion que Mme Lafarge mère a vu offrir, dans une cuiller, par Marie Cappelle à son mari, et qu'elle a *de si grandes raisons de croire empoisonnée?*

Non ; car toutes ces vagues allégations n'ont servi qu'à fatiguer l'attention des juges, à éloigner une discussion logique, et à prouver de plus en plus la précipitation que l'accusation a apportée dans le choix des preuves, précipitation, hélas! si souvent et si fatalement démontrée.

Tous ces faits ne sont-ils pas déraisonnables, absurdes, impossibles? Est-il un homme de sens qui, en les examinant froidement, ne se sente saisi de l'incrédulité la plus complète?

Qu'importe que plus tard il se soit trouvé de

l'arsenic dans le lait de poule, dans la panade, dans le petit pot déposé dans la commode, ou plutôt dans la poudre qu'on prétend venir de ce pot que personne n'a pu représenter? N'y avait-il pas, près de Marie Cappelle, un accusateur qui dressait sous ses pas les marches de l'échafaud?

Nous disons, nous, que ce qui prouve le mieux l'innocence de Marie Cappelle, ce sont ces preuves elles-mêmes; car qui cherche à trop prouver ne prouve rien.

Nous disons que c'est parce qu'il y a de l'arsenic dans le lait de poule, dans la panade, dans le tiroir de la commode, sur la commode elle-même, que Marie Cappelle est évidemment innocente.

Qu'on y prenne garde : nous ne pouvons et nous ne voulons pas dire que les dépositions des témoins soient menteuses, et que notamment Mlle Brun ait menti avec l'intention criminelle de perdre l'accusée.

Mlle Brun est, à notre avis, une femme impressionnable, aimant le bizarre et le romanesque, recherchant par-dessus tout les émotions vives et ardentes. Lorsque des doutes se sont produits sur Marie Cappelle, elle aura été frappée par les circonstances les plus minimes; grossissant tout ce qu'elle avait vu, se donnant un rôle important dans l'accusation, elle aura bâti de bonne foi un fantôme criminel dans son imagination.

Aussi voyez-la, ne déposant jamais avec précision, doutant et affirmant à deux interrogatoires de distance.

Plus tard vous la retrouverez au Vigeois, la tête perdue, s'agitant dans son sommeil, en proie dans son délire à tous ses souvenirs du Glandier, que son esprit malade ne lui rappelle qu'à travers le prisme de ses terreurs nouvelles.

Eh! mon Dieu! nous laisserons à Mlle Brun sa bonne foi; mais ce que nous ne pouvons lui laisser, c'est la vérité de son témoignage... Chez les femmes de son tempérament et de son caractère, l'imagination tient de si près à la conscience que celle-ci admet aisément comme vrai ce que celle-là lui présente comme vraisemblable. Mlle Brun a cru sérieusement voir des faits horribles; elle les a racontés avec le même trouble, avec la même exaspération qui se sont emparés d'elle au moment où elle a cru assister à la perpétration du plus noir des crimes.

Nous devons pourtant, tout en défendant la bonne foi de Mlle Brun, relater ici une circonstance extraordinaire. Il s'agit de la lettre suivante, écrite par elle, vers la fin de mars 1840, à Marie Cappelle, c'est-à-dire à une pauvre accusée qui gémissait depuis deux mois en prison, par suite de ses dépositions fantastiques.

Chacun l'appréciera selon son jugement et ses convictions.

A Mme Marie Lafarge.

24 mars 1840.

« Je suis désolée, madame, que des circonstances bien malheureuses pour mes parents, et pour moi en particulier, me forcent aujourd'hui à venir vous réitérer une demande que vous avez déjà refusée. Depuis longtemps, madame, plusieurs personnes, désirant sans doute tirer parti de votre portrait et lui donner de la publicité, m'ont offert des sommes considérables pour que je le leur livrasse. J'ai toujours refusé leurs offres, dans la crainte d'aller contre vos intentions et de vous déplaire. Cependant je me verrai contrainte de les accepter, si vous persistez à me refuser la somme que je vous fis demander par M. Denis ; mais ce ne sera toujours qu'avec bien du regret, madame, que je prendrai une telle détermination, lors même que j'y serais forcée. Veuillez donc, je vous prie, me faire part de vos dernières intentions sans trop tarder, car je ne puis attendre, et recevez l'assurance de ma gratitude.

A. Brun.

Au château de Flomont, 23 mars.

Si vous ne répondez pas, madame, je prendrai votre silence pour un nouveau refus. »

Pour Mme Lafarge mère, que pouvons-nous en dire ? Les faits parlent assez d'eux-mêmes.

N'est-ce pas elle qui a violé le sceau du testament de sa belle-fille ?

N'est-ce pas elle qui a laissé porter à son fils l'horrible annonce qu'il était empoisonné par sa femme ?

N'est-ce pas elle qui, après la mort de son fils, est venue, près de son cadavre chaud encore, forcer un secrétaire et enlever les papiers qui pouvaient lui être utiles ?

N'est-ce pas elle qui, pour s'emparer librement des objets placés dans l'appartement de Marie Cappelle, l'a arrachée par un mensonge de son lit et de sa chambre, et jetée presque nue aux regards des curieux et des domestiques?

Nous n'en dirons pas davantage; ce n'est pas nous qu'on verra s'acharner sur un ennemi vaincu.

Et Mme Buffière? Elle n'a fait qu'imiter sa mère.... C'est tout ce que nous voulons en dire; car la vérité qui ne nous est pas nécessaire ne doit pas souiller nos pages.

PETITE BOITE D'EMMA PONTIER.

Il est un fait que l'instruction a considéré comme peu important, qui s'est grossi tout à coup aux débats, et qui est devenu une des armes les plus victorieuses de la défense.

Pénétrons-nous bien de toutes les circonstances de ce fait, rapporté par Mlle Emma Pontier, cette candide et noble jeune fille dont le témoignage et l'affection ont honoré et défendu si ardemment Marie Cappelle.

Après la mort de Lafarge, Emma Pontier est instruite par Mme Lafarge mère et Mme Buffière du crime horrible qu'on reproche à Marie Cappelle. Effrayée, non pas de l'accusation, qui lui paraît une calomnie, mais du désespoir qui va s'emparer de cette malheureuse femme, elle accourt éperdue auprès d'elle. Marie Cappelle était dans sa chambre, dans son lit. Emma aperçoit dans la poche de son tablier une petite boîte qui renfermait depuis longtemps de la gomme en poudre dont Marie Cappelle faisait un fréquent usage. Toutes ces rumeurs d'empoisonnement, ces poudres blanches qu'on retrouvait de toutes parts, viennent frapper l'imagination d'Emma. Hors d'elle, elle s'empare d'une petite quantité de cette poudre et court interroger le docteur Fleygnat, son oncle, pour s'assurer si cette poudre est bien de la gomme, comme le lui a dit Marie Cappelle. M. Fleygnat l'examine, en répand quelques parcelles sur des charbons ardents, croit reconnaître une odeur alliacée, et répond que dans cette gomme il se trouve de l'arsenic.

Emma retourne quelques heures après chez l'accusée.

« Donnez-moi cette boîte, lui dit-elle; ce n'est pas de la gomme; M. Fleygnat déclare qu'il y a de l'arsenic. Cette boîte ne peut rester entre vos mains; confiez-la-moi. »

Marie Cappelle veut essayer de la calmer, mais l'effroi de la jeune fille est à son comble.

« Votre oncle se trompe, lui répète l'accusée; je suis certaine qu'il n'y a que de la gomme; j'en ai mangé, je vais en manger encore; vous allez voir. »

Le tablier où était placée la petite boîte n'était plus près du lit; on l'avait déposé dans le cabinet de toilette. L'accusée appelle Clémentine, lui demande la petite boîte; après quelques minutes de recherches, Clémentine l'apporte. Marie Cappelle ouvre la boîte, y prend une pincée de poudre qu'elle va manger; Emma s'y oppose, résiste, et enfin, pour être bien certaine que son amie n'en mangera plus, elle s'empare de la boîte.

Marie Cappelle la laisse faire, et plus tard Emma, conseillée par sa famille, dépose entre les mains du juge d'instruction la petite boîte et la poudre qu'elle contenait.

Pendant l'instruction on soumet aux chimistes la poudre confiée par Emma à M. Fleygnat, et dont il restait encore une partie ; on leur remet aussi la poudre de la boîte dont s'est emparée Emma. MM. les chimistes de Brive opèrent sur ces deux poudres, et déclarent qu'il ne s'y trouve pas d'arsenic.

Aux débats, la science si souvent compromise des chimistes de Brive se trouve encore en défaut ; on examine de nouveau la poudre confiée à M. Fleygnat, et on y trouve une très-petite quantité d'arsenic mêlée à une grande quantité de gomme.

Et le ministère public de presser aussitôt de questions Emma Pontier, de provoquer l'attention des jurés comme étant arrivé à la preuve, à la démonstration de la fraude et de la substitution commise par Marie Cappelle.

« Le paquet de poudre de M. Fleygnat a bien été pris dans la petite boîte ? demande-t-il à Emma Pontier.

— Oui, monsieur.

« — Marie Cappelle vous a bien dit que sa boîte renfermait de la gomme?

— Oui, monsieur.

— Elle a ajouté qu'elle en avait mangé plusieurs fois? elle a même voulu en manger devant vous au moment où vous l'avez prise? et vous avez eu de la peine à l'en empêcher?

— Oui, monsieur.

— Cette petite boîte, on a mis plusieurs minutes à vous la remettre lorsque vous l'avez demandée? et Clémentine a paru la chercher dans plusieurs endroits?

— Oui, monsieur.

—Et maintenant qu'on examine la poudre de la boîte ! »

La conclusion de toutes ces questions était évidente, et le ministère public ne déguisait pas ses espérances.

Le paquet de poudre remis à M. Fleygnat contient de l'arsenic, mais la boîte où elle a été puisée n'en aura plus. Marie Cappelle, aussitôt qu'Emma Pontier sera sortie avec la poudre qu'elle avait prise d'abord, aura fait disparaître la poudre empoisonnée pour y substituer une poudre inoffensive. Son assurance au retour d'Emma ne laisse aucun doute. Non-seulement elle ne s'oppose pas à ce qu'elle s'empare de la boîte, mais elle essaie à plusieurs reprises de manger de la poudre qu'elle renferme.

Les experts expérimentent. M. l'avocat général s'était trop tôt flatté ; Marie Cappelle, qui a pu changer la poudre, l'a laissée intacte ; on y retrouve de l'arsenic dans une proportion égale à celui trouvé dans le paquet remis à M. Fleygnat.

L'avocat général ne veut plus conclure ; et, pour éloigner l'attention de cette manœuvre maladroite, il accable la pauvre Emma de toutes ses sévérités. Les pleurs de Mlle Pontier coulent à ces brusques reproches, et il ne faut rien moins que l'intervention énergique de M. Paillet pour arracher cette jeune fille aux rudes emportements du ministère public.

Mais combien il était malheureux, ce pauvre avocat général ! Les experts lui faisaient défaut, et Mlle Pontier lui échappait. Vainement il lui répétait sans cesse :

« En enlevant à Marie Cappelle cette boîte

que vous saviez renfermer de l'arsenic, vous avez dû la croire coupable, et vous avez voulu faire disparaître une preuve de sa culpabilité?

— Non, s'écriait cette généreuse fille, je n'ai jamais douté de Marie; j'ai craint que cette calomnieuse accusation, en la désespérant, ne la conduisît au suicide. C'était là ma seule crainte, mon seul soupçon. »

Et toutes les subtilités violentes de l'accusation venaient se briser contre cette naïve confiance.

Mais il ne faut pas que la mauvaise humeur de l'avocat général nous fasse oublier les précieuses conséquences de cette dernière expertise. Il a si bien pris soin de fixer lui-même les circonstances qu'elles protestent de tout leur poids en faveur de l'accusée.

1° Marie Cappelle a su qu'on allait examiner l'arsenic pris dans sa boîte, et elle ne s'y est pas opposée. Un mot à Emma, et Emma n'eût pas osé insister.

2° Après la première sortie d'Emma, Marie Cappelle a pu faire disparaître la poudre empoisonnée; si elle est coupable, elle n'y manquera pas; et pourtant la poudre s'est retrouvée intacte, et renfermant l'arsenic dans la même proportion.

3° Plusieurs témoins ont vu Marie Cappelle manger de cette poudre, et Emma a eu la plus grande peine à l'en empêcher.

De tout ceci ne résulte-t-il pas évidemment que ce n'est pas l'accusée qui a versé dans la gomme l'arsenic qu'on y a découvert? Ceci ne se discute pas.

Et ici nous devons répéter, comme à tous les faits mystérieux de cette accusation, qu'il y avait près de Marie Cappelle une main criminelle répandant autour d'elle ces preuves terribles qui devaient l'accabler.

Marie Cappelle oubliait quelquefois sa boîte sur sa table à ouvrage; l'ennemi qui veillait n'avait qu'à avancer la main.

Il est vrai qu'on courait le risque d'empoisonner Marie Cappelle, qui aurait sans aucun doute continué à puiser dans la boîte sans l'intervention d'Emma; mais celui qui avait intérêt à la faire passer pour empoisonneuse n'avait-il pas double intérêt à la voir périr avant tout débat?

Le suicide involontaire de Marie Cappelle, en la précipitant dans la tombe, ne la convaincrait-il pas en même temps du crime dont on l'accusait, et ne dispenserait-il pas de toute investigation?

XIII

Il nous reste encore une importante partie du débat à examiner, la partie la plus délicate; car, pour ceux qui ne s'arrêtent qu'à la superficie d'une accusation, c'est là la preuve terrible portée contre l'accusée : nous voulons parler de l'arsenic acheté par Marie Cappelle et de son emploi.

Marie Cappelle a acheté des quantités énormes d'arsenic, se dit-on; qu'en a-t-elle fait? Là où elle prétend l'avoir placé, il ne se trouve pas; n'est-ce pas ce même arsenic qu'on rencontre en si grande profusion dans tous les vases qui ont servi au malade?

Nous le demandons : qu'on ne juge pas cette affaire avec légèreté. Oui, Marie Cappelle a acheté des quantités considérables d'arsenic; oui encore, l'arsenic ne se trouve pas là où elle avait dit qu'on le rencontrerait; et cependant les circonstances de ce débat, même les plus fatales en apparence, vont porter, par leur exagération et leur invraisemblance, appui et secours à la défense.

Trois achats d'arsenic sont reprochés à Marie Cappelle :

Le premier, au 12 décembre 1839 : 31 gram.
Le second, au 5 janvier 1840 :   4 gr.
Le troisième, au 8 janvier 1840 : 61 gr.

Nous devons rechercher séparément l'emploi de cet arsenic, et rattacher les circonstances à chacune des trois époques qui s'y rapportent.

PREMIER ACHAT D'ARSENIC,
12 décembre 1839.

Marie Cappelle a demandé cet arsenic à Uzerche, chez M. Eyssartier, pharmacien; elle lui écrivit le petit billet suivant :

« Je suis dévorée par les rats, Monsieur ; déjà j'ai essayé du plâtre, de la noix vomique pour m'en débarrasser; rien n'y fait. Voulez-vous ou pouvez-vous me confier quelque peu d'arsenic? Vous pouvez compter sur ma prudence; c'est pour mettre dans un cabinet où il y a du linge.

MARIE. »

A la suite de ce billet, M. Eyssartier envoya 31 grammes d'arsenic. La quantité ne lui était pas indiquée; et si on s'étonne de trouver une assez forte dose d'arsenic dans cet envoi, ce n'est certes pas à l'accusée qu'on peut l'attribuer.

On a été surpris aussi du billet que Marie Cappelle écrivait au pharmacien Eyssartier. Quoi de plus simple cependant? Marie Cappelle a besoin d'arsenic; elle sait qu'on n'en délivre qu'avec difficulté, et, pour rassurer entièrement le pharmacien, elle lui indique la cause de sa demande.

Son billet serait convenable et sans exagération vis-à-vis de tous les pharmaciens; vis-à-vis de M. Eyssartier il était une politesse ordonnée par les relations du monde. M. Lafarge avait fait avec sa femme une visite à M. Eyssartier; ce n'était donc plus un inconnu pour Marie Cappelle, et elle devait le traiter avec quelques égards.

L'arsenic rapporté, Marie Cappelle le confie à son valet de chambre. Alfred, malhabile dans toutes ces triturations, fait une mixture épaisse qui absorbe tout l'arsenic, et la place dans le cabinet de toilette de l'accusée. Quinze jours après, cette mixture lourdement préparée est complétement sèche; elle forme une pâte compacte que les rats ne peuvent plus attaquer, et un des domestiques de l'accusée la jette au feu.

Il semble que la justification de l'emploi de cet arsenic soit bien naturelle; mais l'accusation explique différemment l'usage qui en aurait été fait. D'après elle, cet arsenic aurait été acheté le 12 décembre, et aurait servi, le 16, à empoisonner le gâteau envoyé par Marie Cappelle à son mari.

Nous avons démontré déjà qu'il n'était pas possible que ce fût Marie Cappelle qui eût substitué aux petits gâteaux préparés par Mme Lafarge mère le gâteau plus gros reçu à Paris. Si ce gâteau était empoisonné, Marie Cappelle ne saurait en être responsable.

Quelques réflexions suffiront pour prouver que Marie Cappelle n'a pu employer l'arsenic rapporté d'Uzerche à l'usage criminel qu'indique l'accusation. Voyons les faits.

Le premier et le plus certain, c'est que Marie Cappelle a remis à Alfred, le 12 décembre, un paquet. Il est encore certain que la poudre renfermée dans ce paquet était une poudre blanche brillante, d'une couleur arsenicale.

Comment, dans le système de l'accusation, Marie Cappelle aurait-elle trouvé si rapidement un paquet assez analogue pour le substituer au paquet d'arsenic ? Toutes les démarches de l'accusée depuis son arrivée au Glandier ont été suivies, et il n'a pas été établi qu'elle ait jamais fait faire des achats secrets.

Puis, chacun le sait, les pharmaciens ont le devoir d'étiqueter les paquets qu'ils délivrent ; celui-là portait sa dénomination. Alfred sait lire ; il faudra donc, si Marie Cappelle substitue au paquet d'arsenic un autre paquet, qu'elle en arrache l'étiquette, qu'elle en verse la poudre. Est-ce supposable ?

Mieux eût valu assurément pour l'accusée, qui était libre de faire préparer la mort aux rats un peu plus tard, d'employer d'abord pour les gâteaux la quantité d'arsenic nécessaire, et puis de remettre à son domestique ce qui resterait dans le paquet après cette soustraction. La quantité était assez notable pour que la disparition de quelques grammes ne fût pas même remarquée.

Il y a, dans la date même où la mort aux rats a été préparée, une présomption favorable à la défense ; l'accusation, de son côté, n'appuie son allégation sur aucun témoignage ; cette partie du débat, sur laquelle d'ailleurs le ministère public ne s'est pas appesanti, ne saurait donc nous retenir plus longtemps.

DEUXIÈME ACHAT D'ARSENIC,

5 janvier 1840.

M. Lafarge, à son retour de Paris, se plaignait

vivement devant sa femme, ses domestiques et même M. Bardon, son médecin, de l'ennui et du dérangement que lui causaient les rats nombreux qui couraient de toutes parts dans la vieille masure du Glandier. Il demanda qu'on préparât une pâte pour leur faire la guerre. Marie Cappelle, devant son mari, pria M. Bardon, qui écrivait une note pour le pharmacien d'Uzerche, d'y ajouter quelques grammes d'arsenic. M. Bardon en demanda quatre grammes.

L'accusée, qui avait à régler un petit compte avec son pharmacien, M. Eyssartier, lui écrivit pour le lui demander, et y ajouta un mot au sujet de l'arsenic. Voici son billet :

« Mon domestique, ayant sottement mixturé une mort aux rats, en a fait une pâte si compacte, si pourrie, que M. Bardon m'a refait une petite ordonnance que je vous envoie, Monsieur, afin de mettre votre conscience à l'abri, et ne pas vous laisser croire que je veuille, pour le moins, empoisonner tout le Limousin en masse.

Je voudrais bien avoir quelques onces de gomme arabique en poudre; aussi, Monsieur, que vous m'envoyiez le montant de ma petite dette, qui doit être assez grossie.....

Mon mari est un peu souffrant d'un commencement d'angine; mais M. Bardon m'assure que la fatigue de la route y est pour beaucoup, et que le mieux ne peut tarder à venir avec le repos. »

L'accusation s'attaque encore à cette lettre. « On n'écrit pas, dit-elle, avec tant de précautions, quand on est innocent. »

En vérité, avec un pareil système, il n'est pas un acte, pas une parole qu'on ne puisse incriminer.

Mme Lafarge veut demander sa note au pharmacien ; doit-elle la faire réclamer impoliment par un domestique, ou bien écrira-t-elle un mot à M. Eyssartier ? Il ne peut y avoir de doute ; et l'avocat général lui-même est trop bien élevé pour ne pas accepter ce dernier parti.

La lettre a donc dû être écrite. On ne fera sans doute pas un crime à Marie Cappelle d'y avoir parlé de la santé de son mari ; M. Eyssartier était presque un ami de la maison, et assurément, si Marie Cappelle ne lui avait pas dit un mot de l'état de M. Lafarge, on ne manquerait pas de s'en emparer contre elle.

Là encore n'est pas l'accusation. Mais Marie

Cappelle a plaisanté en parlant de l'arsenic ; c'est une précaution criminelle !

On est embarrassé de répondre à de tels moyens d'incrimination.

Une femme spirituelle, dont l'imagination aime à montrer ses faces brillantes, fait chaque jour, à chaque instant, de ces actes qui s'éloignent un peu des habitudes réglées d'organisations plus sévères, et nul, assurément, ne s'avise d'en demander la raison. Si donc il n'y avait pas pour la lettre de Marie Cappelle une justification toute simple, la nature de son esprit nous suffirait.

Mais ici il ne manque rien pour réfuter cette insinuation. Marie Cappelle a obtenu de la confiance de M. Eyssartier, il y a au moins quinze jours, trente et un grammes d'arsenic ; c'est énorme. Elle vient lui en demander encore ; et, pour ne pas lui laisser un étonnement tout naturel, ne doit-elle pas lui dire que son domestique a maladroitement préparé la pâtée ? Lui reprocher maintenant d'employer pour cela une tournure originale, c'est faire le procès à son esprit et non pas du tout prouver son crime.

Laissons ces détails futiles, et expliquons-nous sur l'emploi des quatre grammes d'arsenic.

Le commissionnaire, en revenant d'Uzerche, a remis à Marie Cappelle, près du lit de son mari, les divers paquets dont il était chargé, et parmi eux celui d'arsenic. M. Lafarge a fait déposer sur son lit un paquet; il a pris et examiné celui d'arsenic, et l'a remis lui-même immédiatement à un domestique, pour que la mort aux rats fût préparée. Cette mixture a été sans retard faite par le valet de chambre Alfred.

Que suppose l'accusation? Peut-elle dire que Mme Lafarge a, près du lit de son mari, escamoté le paquet d'arsenic qu'il venait de rendre, et qu'elle l'a remplacé par un autre?

Non; ce serait impossible. Mme Lafarge ne pouvait ainsi faire cette substitution sous les yeux de son mari et en présence des autres personnes qui étaient dans l'appartement.

Peut-elle dire que plus tard cet arsenic, remis au domestique par M. Lafarge, a été repris par Marie Cappelle, qui y a substitué un autre paquet?

Non encore; ce serait là une pure invention.

Rien n'a établi qu'après être sorti des mains de M. Lafarge le paquet d'arsenic soit rentré dans celles de sa femme. Il faudrait ou établir ce fait, ou admettre la complicité du domestique chargé de préparer la mort aux rats; et on ne fait pas cette preuve, et on ne s'arrête pas à cette accusation.

Le ministère public ne peut donc pas incriminer Marie Cappelle au sujet de ces quatre grammes d'arsenic ; mais il la rend responsable d'un fait qui s'est produit après le décès de Lafarge.

En examinant la mort aux rats trouvée dans le cabinet, près de la chambre où Lafarge est mort, on a constaté qu'il n'y avait pas d'arsenic; et cependant une autre pâtée avait été préparée avec les quatre grammes d'arsenic envoyés d'Uzerche. Si le poison n'est pas entré dans la pâtée, qu'est-il donc devenu ?

Ce fait, si inexplicable pour l'accusation, est assurément le plus simple du procès ; car si l'on se reporte aux autres faits évidents du débat, il eût été merveilleux qu'on découvrît de l'arsenic dans cette pâtée.

Qu'a-t-on trouvé en effet, au Glandier, de toutes parts? de l'arsenic versé, répandu dans les breuvages, sur les meubles.

Or il est bien certain qu'il y a eu ou le crime d'empoisonnement dont on accuse Marie Cappelle, ou un enchaînement de circonstances préparées de manière à laisser croire que Marie Cappelle avait commis ce crime.

Supposez l'innocence de l'accusée; il est clair que celui ou ceux qui éparpillaient avec tant de luxe les preuves qui devaient l'accabler ont dû ménager tous les moyens de la perdre. Plus ils établiront de soustractions d'arsenic dont elle sera responsable, mieux ils démontreront qu'elle est coupable.

Et ne fallait-il pas surtout enlever l'arsenic là où il devait être, pour le faire retrouver partout ailleurs?

Était-il donc bien difficile de substituer une pâtée sans arsenic à la mort aux rats véritable qui avait été préparée par Alfred?

Supposez, au contraire, la culpabilité de l'accusée : soyez sûr alors que vous retrouverez de l'arsenic dans la mort aux rats.

Il faut absolument, pour que Marie Cappelle ait pu soustraire le paquet d'arsenic, qu'il soit revenu entre ses mains. Admettons cela un instant : elle divisera son paquet; elle en gardera et elle en donnera; car il ne faut même pas de la prudence pour comprendre que la première vérification qui sera faite sera celle de la pâtée.

Trop d'efforts pour prouver amènent au doute; et de même qu'une trop grande lumière éblouit, de même trop d'ardeur dans la calomnie démontre l'innocence.

La conclusion sur ce second article est donc aussi favorable à la défense que le premier.

Examinons le troisième achat.

TROISIÈME ACHAT D'ARSENIC,
8 janvier 1840.

La petite quantité de quatre grammes d'arsenic demandée à M. Eyssartier, par la note du docteur Bardon, eût été, de toute manière, insuffisante pour combattre la multitude de rats qui incommodaient M. Lafarge. On a déjà vu qu'une seule pâtée avait été faite, et tout porte à croire que l'arsenic en avait été détourné.

M. Lafarge se plaignait de plus en plus du bruit qu'il entendait au-dessus de sa tête et dans les diverses parties de l'appartement. Son imagination en était tellement tourmentée qu'il répéta à plusieurs reprises, ainsi que le déposent divers témoins, que les rats venaient boire dans sa tisane. Il conseilla donc et on lui promit de faire de la mort aux rats qui serait placée dans toutes les parties de sa chambre.

Le sieur Denis, commis au Glandier, devait aller pour affaires à Tulle; Marie Cappelle l'ayant appris l'avait chargé de lui rapporter de l'arsenic. Denis ne fit point cette commission. A son retour on lui demanda l'arsenic; il prétendit l'avoir oublié.

Le lendemain il allait à Brive; Marie Cappelle lui fit encore recommander par sa femme de chambre de lui apporter de l'arsenic, et il en acheta chez un pharmacien l'énorme quantité de soixante et un grammes.

De retour au Glandier, Denis remit à Marie Cappelle un paquet qui contenait, dit-il, cet arsenic. Celle-ci, pressée dans cet instant, plaça le paquet dans la poche de son tablier, d'autres disent dans son buvard.

Toujours est-il qu'elle le montra à son mari, puis le confia presque aussitôt à Clémentine pour le remettre au valet de chambre Alfred, qui devait préparer la mort aux rats. Alfred aussi était pressé en ce moment; il plaça le paquet, jusqu'à ce qu'il pût l'utiliser, dans un vieux chapeau déposé sur l'étagère d'un cabinet qui servait de décharge.

La maladie de M. Lafarge s'aggravait de jour en jour. Les préoccupations devenaient si vives que chacun oubliait tout ce qui ne se rattachait pas à ce sérieux état. Alfred avait négligé de préparer la mort aux rats, et Marie Cappelle, tout entière aux inquiétudes que lui donnait son mari, ne songeait plus à en parler à son valet de chambre.

Lafarge meurt; les rumeurs d'empoisonnement qui se répandent effraient tous les domestiques du Glandier. Alfred se souvient qu'il n'a pas employé le paquet d'arsenic et qu'il est encore au lieu où il l'a déposé. Il en fait part à un autre domestique, et à eux deux ils prennent la résolution de soustraire ce paquet à l'attention des magistrats qui vont arriver. Ils courent au cabinet, et s'emparent précipitamment d'un paquet qu'ils croient être le même; après quelque hésitation ils se décident à le cacher au lieu de le détruire, et ils vont l'enterrer dans le jardin.

La justice informe; aux premières questions, Alfred et l'autre domestique, effrayés, avouent ce qu'ils viennent de faire. On déterre le paquet; il est d'un poids à peu près égal à celui qui devait contenir l'arsenic; mais en l'ouvrant on reconnaît qu'il ne renferme que du bicarbonate de soude. Il en portait même l'étiquette.

L'accusation devait évidemment soutenir que Marie Cappelle avait substitué ce dernier paquet au premier, et qu'elle n'avait pas remis à Alfred de l'arsenic, mais bien du carbonate de soude.

Cette partie de l'accusation, qui est assurément la plus mystérieuse, a besoin d'être discutée avec tous ses éléments. Analysons d'abord la déposition du témoin Denis.

Denis prétend que Marie Cappelle l'aurait secrètement prié de lui apporter de l'arsenic, en lui recommandant bien de n'en pas parler à Mme Lafarge mère. « Nous ferons la mort aux rats ensemble, » aurait-elle ajouté. Il avoue qu'à cette première demande il ne douta pas du parti que Marie Cappelle voulait en tirer; il comprit que cet arsenic était destiné à empoisonner M. Lafarge. Aussi n'acheta-t-il pas à Tulle l'arsenic demandé.

A son retour, Marie Cappelle lui ayant fait réclamer cet arsenic, il n'osa pas lui dire pourquoi il avait refusé de l'acheter; et, craignant d'être renvoyé s'il n'obéissait pas, il remplit sa commission le lendemain à Brive, et acheta soixante et un grammes d'arsenic.

Il revint au Glandier, fit part à sa femme de ses soupçons, et remit enfin à Marie Cappelle le paquet qu'il avait acheté.

Cette déposition, étrange au premier abord, émanant d'un homme tel que Denis nous est apparu durant le procès, doit éveiller l'attention et le doute.

Il dit que Marie Cappelle lui a recommandé

le secret, et elle aurait ajouté qu'ils prépareraient ensemble cette mort aux rats; est-ce possible?

Marie Cappelle n'avait jamais eu avec Denis que des rapports éloignés et sévères. Comment donc se serait-elle adressée mystérieusement à lui? Comment surtout lui aurait-elle demandé de préparer ensemble de la mort aux rats? Cette manipulation n'était-elle pas trop en dehors des habitudes de l'accusée pour qu'elle pût la faire?

Si elle cherchait un complice, était-ce donc à Denis qu'elle aurait été s'adresser?

Mais la preuve que le secret dont parle Denis n'a pas été demandé, ce sont les démarches mêmes qui furent faites auprès de lui pour obtenir l'arsenic. Après le lui avoir demandé une première fois, Marie Cappelle l'envoie réclamer par sa femme de chambre, qui n'en réclame pas le secret. Plus encore, elle écrit un billet ouvert pour rappeler à Denis sa commission.

Ce ne sont certes pas là des manœuvres mystérieuses; et d'ailleurs dans quel but ce mystère? Marie Cappelle ne s'était pas cachée pour demander à M. Bardon l'arsenic acheté chez M. Eyssartier. La petite quantité qu'on lui avait envoyée était insuffisante ; M. Lafarge se plaignait à chaque instant et à chaque témoin du tourment que lui occasionnaient les rats. N'était-il donc pas naturel qu'un de ses commis fût chargé d'acheter de l'arsenic? Le mystère dont parle Denis ne devenait-il pas plus dangereux pour l'accusée, si on la suppose coupable, que cette manière ouverte de se procurer du poison?

Mais la partie la plus singulière de la déposition de Denis, c'est celle où il parle des soupçons qui lui vinrent à l'esprit, à la demande d'arsenic de l'accusée.

Il fut convaincu, dit-il, qu'elle voulait empoisonner son mari ; c'est pour cela qu'il n'acheta pas l'arsenic à Tulle.

Remarquons qu'à cette date aucun soupçon n'avait été porté sur Marie Cappelle ; aucun indice n'avait été remarqué. Denis donc prenait, dans une prescience qui lui appartient sans doute, la révélation de ce qui devait arriver plus tard.

Cet aveu incroyable fut reçu aux débats avec étonnement. Mais que dire des circonstances qui le suivirent bientôt ? On apprit même qu'avant le départ de Lafarge pour Paris, à l'époque où les relations les plus affectueuses existaient entre les deux époux, Denis allait racontant de toutes parts que Lafarge avait fait un bon mariage, mais qu'il n'en profiterait pas, parce que sa femme l'empoisonnerait.

Pressé d'expliquer ces propos, Denis a prétendu que la lettre que Marie Cappelle avait écrite lors de son arrivée au Glandier lui avait fait craindre une action criminelle.

Si Denis a des soupçons, si à cause de ces soupçons il refuse d'apporter de Tulle l'arsenic que Marie Cappelle lui a demandé, on lui reproche d'avoir enfin cédé aux demandes de cette femme, et d'avoir apporté de Brive l'arsenic qu'il lui a remis.

Il répond qu'il craignait de perdre sa place.

Ainsi, pour conserver sa place, il expose dans sa pensée la vie de M. Lafarge !

Si encore, pour concilier son intérêt avec ses

craintes, il n'avait acheté qu'une très-faible quantité d'arsenic!

Mais non : il avoue lui-même que Marie Cappelle ne lui a pas indiqué le poids qu'il devait rapporter.

Pourquoi donc a-t-il acheté et remis la quantité énorme de soixante et un grammes?

Denis répond qu'il pensait que pour tous les rats du Glandier il n'y en avait pas trop.

Ainsi donc, dans sa pensée, ce n'était plus contre la vie de M. Lafarge que cet arsenic était destiné, mais contre les rats.

On se perd dans toutes ces contradictions; mais qu'est-ce qu'une contradiction dans la vie de Denis?

Sa connaissance avec Lafarge, ses rapports avec lui, ses antécédents, sa conduite aux débats, ne sont-ce pas autant de faits qui appartiennent à la défense, et qui lui ouvrent une large voie?

D'où vient Denis? Nul ne le sait. On n'a conservé de son passé que des traces vagues. Il se nomme tantôt Denis, tantôt Barbier; peut-être a-t-il d'autres noms encore?

Lafarge le rencontre à Paris, au moment de son mariage ; il se l'attache, et il n'a jamais dit qui le lui avait procuré, ni quels renseignements il avait pris.

Denis arrive au Glandier comme premier commis de la forge, et il sortait, disait-il, de la maison d'un glacier à Paris! On s'étonna du choix de M. Lafarge ; il ne répondit pas.

A Denis les voyages mystérieux, à Denis l'intimité rapide du maître. Lafarge part pour Paris, Denis reste au Glandier ; puis, dans le courant de décembre, il part aussi ; il prétexte un long voyage dans la Creuse ; on le croit, et pourtant il va rejoindre Lafarge à Paris.

Des démarches actives font découvrir, après la mort de Lafarge, ce mystérieux voyage ; Denis l'avoue alors ; on lui demande pourquoi ce voyage et ce mystère.

« M. Lafarge l'a voulu, » dit-il.

On lui demande à quoi ce dernier l'avait employé à Paris.

« A faire ses commissions et à porter ses lettres, » répond-il.

Mais faut-il du mystère et est-il besoin qu'un

homme fasse cent cinquante lieues pour venir accomplir de semblables missions?

Vers la fin de décembre Denis rentre au Glandier; il ne parle pas davantage de son voyage. Seulement, disent des témoins, il devient despote à la forge; il dit qu'il est le maître, et qu'il renverra les ouvriers qui lui déplairont.

Lafarge mort, on découvre une quantité innombrable de faux; qui les a commis? Denis, pressé, ne peut nier sa participation à cette œuvre, et il avoue avec une cynique franchise qu'il a fait faire souvent des billets faux à Paris pour cinq sous. Il existe des billets signés Barbier, et c'est Denis qui les a souscrits; c'est son nom de guerre ou de famille; c'est le nom qu'il apporte dans sa société avec Lafarge pour tromper la bonne foi publique.

C'est Denis qui, après l'arrestation de Marie Cappelle, dans la salle même d'audience, la poursuit de ses ignobles injures. Il a dit qu'il voulait la voir coupée en quatre; il a dit qu'il monterait plutôt sur l'échafaud pour l'y traîner, etc., etc.

Bien entendu que le bon Denis niait tous ces dires, et qu'à chaque dénégation des témoins venaient l'accabler de leur affirmation et lui démontrer son faux témoignage.

Mais l'honnête Denis n'avait rien à craindre : l'avocat général s'était fait son défenseur officieux. A peine s'il a trouvé quelques paroles répréhensibles contre certains actes de Denis ; le pauvre homme ! il a commis des actions ignobles par ignorance, et il les avoue si ingénument qu'on peut bien les lui pardonner.

Il a poursuivi de sa haine féroce l'accusée ; l'avocat général y trouve seulement la preuve d'une grande affection pour M. Lafarge et la conviction du crime de Marie Cappelle.

Peu s'en faut que Denis ne devienne le type du témoin moral !

On lui démontre qu'il fait un faux témoignage, qu'il est le complice ou l'auteur d'escroqueries faites avec Lafarge ; mais qu'importe ? Il les avoue si résolument, si naïvement ! Et d'ailleurs M. l'avocat général ne nous a-t-il pas dit qu'il avait fait condamner à mort deux accusés, sur le témoignage d'un condamné aux travaux forcés (1) !

(1) Voici une triste anecdote que nous empruntons à une brochure vigoureusement écrite, *la Vérité sur le Procès Lafarge*, publiée il y a dix-huit mois. Cette brochure l'avait puisée elle-même dans les journaux :

« En 1823, Mme N... vivait avec son mari dans une maison de campagne. Un jour que Mme N... recevait la visite d'une amie, elle était malade dans son lit ; elle demande à sa femme de chambre une tasse de tisane. Elle porte ses lèvres à la tasse, et s'écrie que cela lui a brûlé la gorge. On accuse la femme de chambre d'avoir tenté d'empoisonner Mme N... On prouve que deux jours auparavant cette femme de chambre avait acheté de l'arsenic, qu'elle était la maîtresse de M. N..., qu'elle avait préparé la tisane dans laquelle on retrouve l'arsenic. La femme de chambre est jugée, condamnée à mort et exécutée ! Neuf mois après, Mme N..., à son lit de mort, déclare que, poussée par la jalousie, elle a elle-même jeté l'arsenic dans la tasse, afin de faire peser sur sa rivale l'accusation d'empoisonnement.

« Nous croyons nous rappeler que l'un des juges qui a prononcé la condamnation de cette fille était M. Decoux, aujourd'hui avocat général, et qui portait la parole contre Marie Cappelle. »

S'il est vrai que l'un des juges de cette déplorable affaire ait été le même M. Decoux qui a poursuivi Marie Cappelle avec tant d'acharnement, comment se fait-il qu'une aussi cruelle expérience des erreurs judiciaires ne l'ait pas retenu dans sa fougue accusatrice ? Nous le plaindrions bien sincèrement, nous qui connaissons la bonne foi de l'homme et l'intégrité du magistrat, de porter ainsi dans ses fonctions un emportement qui lui prépare d'aussi cuisants regrets.

Pour en finir avec le témoin Denis, nous copierons ici les réflexions qu'il a inspirées à MM. Temme et Noerner, ces honorables conseillers à la Cour criminelle de Berlin, qui ont étudié le procès Lafarge d'après la législation prussienne, et qui ont conclu à un acquittement complet, faute de preuves.

« Il nous est impossible de nous défendre d'une sensation pénible toutes les fois que l'image de ce Denis Barbier se présente à nous.

La défense l'a présenté comme un homme faux, dépravé, et qui ose se vanter de sa dépravation. Il avait aidé Lafarge à commettre ses fourberies ; peut-être même l'y avait-il excité. Si celui-ci était découvert, Denis partageait son sort.

Il était arrivé à Paris quelques jours avant l'envoi du gâteau ; il y était en secret. Au Glandier même, on ne savait pas qu'il fût à Paris. Lafarge n'osait pas le dire. Ses manœuvres ne couraient donc aucun risque d'être découvertes. Et que faisait-il à Paris? Dans quel but y était-il venu? Personne n'a pu percer ce mystère.

La supposition d'un crime pourrait être fort naturelle quand il s'agit d'un pareil homme. Ne pouvait-il donc pas avoir de l'intérêt à écarter un des témoins de sa coupable conduite? Et le seul témoin qu'il eût intérêt à écarter n'était-il pas ce même Lafarge, qui l'avait fait venir en secret à Paris? N'a-t-il pas pu apporter le poison, au moment même de l'envoi du gâteau? Ne pouvait-il pas l'introduire dans ce gâteau même ?

La lettre qui annonçait l'envoi du gâteau y était arrivée avant la caisse. Lafarge voyait Denis, qui a pu apprendre de son maître la prochaine arrivée du gâteau. Plus tard, lorsque Lafarge est allé chercher le gâteau, la caisse avait été déjà ouverte.

Que l'on ajoute à cela la preuve que nous avons donnée plus haut, d'après laquelle il était *impossible* que l'accusée eût envoyé le gâteau empoisonné. Que l'on y ajoute encore cette exclamation de Denis, attestée par des témoins, dans laquelle il disait avec une joie grossière et fanfaronne : « Maintenant je serai le maître ici ! »

Ce même Denis était retourné au Glandier trois jours avant son maître. Il y était pendant tout le temps de l'empoisonnement. Il a eu du poison en sa possession, dans les circonstances les plus suspectes, et il s'est embarrassé à ce sujet dans des mensonges palpables. Il a remis à l'accusée un paquet qui s'est trouvé plus tard ne *point* contenir de poison. Il a eu continuellement un libre accès auprès du malade. Il dirigeait par des discours pleins de méchanceté, par des mensonges évidents, le soupçon de l'empoisonnement contre l'accusée. Il cherchait sans aucun motif à se justifier, disant, lorsqu'on ne le lui demandait pas, qu'il n'était *point* l'empoisonneur.

Nous ne voulons pas accuser Denis; mais nous dirons cependant que nous aurions trouvé, de la part de l'avocat général, une accusation contre lui beaucoup plus fondée que contre Mme Lafarge.

Nous concluons :

Nous avons sous les yeux un fait d'empoisonnement qui est demeuré dans une complète incertitude.

Il est impossible de prouver que Lafarge soit mort empoisonné.

Il existe des soupçons ; mais ils sont d'une part si éloignés, et de l'autre si mal établis, qu'on ne saurait fonder sur eux une condamnation.

Nous avons en outre des preuves complétement insuffisantes en ce qui regarde les personnes. Là même il n'y a que des soupçons, et ces soupçons ne se fondent que sur les dépositions de deux personnes dont le caractère nous a paru peu moral, et la véracité au moins douteuse, et d'une parente prévenue, absolument indigne de croyance. En revanche, nous possédons un grand nombre de conjectures favorables à l'accusée.

Enfin nous avons des motifs de soupçon, dont quelques-uns sont très-graves, contre d'autres personnes.

Dans ces circonstances, un acquittement absolu devait nécessairement s'ensuivre, faute de preuves.

Un acquittement provisoire n'eût même pas été justifié par la législation prussienne ; car il eût laissé subsister contre l'accusée une prévention que l'instruction n'a point confirmée.

A la vérité, les jurés de Tulle ont jugé. Puissent-ils ne se faire aucun reproche en descendant au fond de leur conscience, qui déjà s'est exprimée par l'admission de circonstances atténuantes.

Les jurés représentent le peuple tout entier, qui seul

possède le droit de juger. Mais les spectateurs des assises de Tulle faisaient aussi partie du peuple. Ceux-ci n'ont cessé de donner des marques de leur foi à l'innocence de l'accusée ; nous n'avons pas trouvé dans les journaux une seule exclamation qui pût donner à penser qu'ils la regardaient comme coupable. Ils ont pourtant vu et entendu les mêmes choses que les jurés. D'où a pu venir cette opposition si complète entre les uns et les autres ? Qu'est-ce qui a pu produire une telle impression sur les douze jurés seulement ?

Puisse le temps éclaircir le mystère qui, après le jugement, obscurcit encore le crime et les procédures auxquelles il a donné lieu (1) ! »

Revenons maintenant au paquet d'arsenic qui ne s'est pas retrouvé après la mort de Lafarge.

Marie Cappelle l'a soustrait, dit le ministère public.

A quelle époque, à quel moment ?

Assurément, dans la pensée de l'accusation, cette soustraction a été faite avant que le pa-

(1) *Le Procès Lafarge examiné d'après la législation criminelle de Prusse*, in-8º de 250 pages, traduit de l'allemand sur la seconde édition. — Chez Jules Renouard.

quet n'ait été remis à Alfred ; et sans doute Marie Cappelle aura suppléé au paquet d'arsenic par le paquet de bicarbonate de soude.

Mais à cette supposition il est une réponse décisive, et c'est celle-ci : Le paquet retrouvé n'est pas dans des conditions physiques semblables à celles qui ont été remarquées dans le paquet remis par l'accusée à Clémentine Servat, qui l'a porté à Alfred.

Clémentine a lu sur le paquet que lui a donné Marie Cappelle le mot *arsenic ;* sur le paquet retrouvé cette dénomination ne se présente pas; donc il n'est pas possible que le paquet trouvé soit le paquet remis par Marie Cappelle.

La première supposition du ministère public croule donc par ce seul fait sans réplique.

Dira-t-il que c'est après avoir remis le paquet à Alfred que Marie Cappelle l'a substitué ?

Mais à cela il existe des difficultés aussi grandes; il faudrait prouver de deux choses l'une : ou qu'Alfred a remis le paquet à Marie Cappelle, ou bien qu'elle a connu le lieu où il avait été déposé.

Alfred n'a pas rendu le paquet, puisque aussitôt il l'a placé dans le cabinet sur l'étagère, et caché dans un chapeau.

Marie Cappelle n'a pas connu le lieu où il était déposé, car Alfred ne le lui a pas dit, et, dans la préoccupation de la maladie de M. Lafarge, Marie Cappelle n'a plus pensé à l'arsenic, et ne s'est pas occupée de la mort aux rats.

Ainsi donc il demeure acquis que le paquet remis à Clémentine était bien le même que celui apporté par Denis et avait la même suscription ; que le paquet retrouvé n'est pas celui qu'a donné Marie Cappelle, et qu'il est impossible que ce soit elle qui ait fait la substitution.

Que maintenant l'arsenic ait été enlevé et remplacé par du bicarbonate, c'est un fait dont la responsabilité ne peut tomber sur Marie Cappelle ; c'est un fait qui doit être la conséquence du système d'accusation organisé contre elle ; c'est toujours cette vigilante calomnie qui veut la perdre.

Nous avons discuté les divers achats d'arsenic, et nous avons démontré leur but et leur raison. Mme Lafarge mère a bien prétendu qu'il n'y avait pas de rats au Glandier; mais c'était là un de ces oublis grossiers dont l'accusation elle-même n'a pas voulu profiter. Denis a déclaré que, pour tuer tous les rats du Glandier, soixante grammes d'arsenic ne suffisaient pas. Les domestiques ont dit que les rats faisaient un horrible vacarme; et Mme Lafarge mère elle-même, tout en voulant justifier son assertion, a donné des preuves de la quantité effroyable de rats qui se trouvaient dans sa vieille masure toute lézardée.

« Jamais, dit-elle, avant la venue de Marie Cappelle, jamais on n'avait placé d'arsenic au Glandier; » d'où la conséquence que cette population dévastatrice devait s'accroître prodigieusement.

Et enfin, par amende honorable à sa conscience, elle avoue qu'ayant placé un jour deux ratières dans le cabinet du salon, on y prit vingt-trois rats!

Si quelque chose peut étonner maintenant,

c'est que Marie Cappelle n'ait pas acheté une plus grande quantité d'arsenic.

Voici d'autres faits que nous recueillons sans accuser personne. Que chacun ensuite les commente et les explique à sa manière.

1° Lafarge avait emprunté, avec la procuration de sa femme, vingt-cinq mille francs à Soissons; la veille de son départ de Paris pour le Glandier, cette somme lui avait été envoyée par son notaire de Soissons; il se met en route avec sa valise. Arrivé à Uzerche, il la fait déposer dans une maison de confiance; une personne d'une force remarquable a peine à la soutenir. Lafarge déclare qu'elle renferme trente mille francs. Un domestique vient la chercher avec un cheval; elle est portée au Glandier; elle y arrive le 3.

Pendant la maladie de Lafarge aucun payement n'a été fait; après sa mort les créanciers demandent des comptes : Mme Lafarge mère et M. Buffière, beau-frère de Lafarge, déclarent que ce dernier n'a rapporté de Paris que trois ou quatre mille francs.

Qu'est devenu le surplus?

On a dit que Lafarge s'en était servi à Paris; mais la somme lui est parvenue la veille de son départ; il n'en aurait pas eu le temps.

Puis sa valise est arrivée lourde et garnie à Uzerche, et Lafarge lui-même a dit qu'elle contenait trente mille francs. Qu'est devenu le surplus?

La somme a disparu, et ce n'est pas certes Marie Cappelle qu'on peut en accuser.

2° Mme Lafarge mère, le témoin principal, a voulu intervenir aux débats, non pas seulement pour y défendre son honneur qui pouvait être attaqué, comme elle le disait, mais aussi pour y réclamer trente mille francs de dommages et intérêts! Oui, pour réclamer trente mille francs à la femme qui avait sacrifié quatre-vingt mille francs pour l'honneur et les affaires de M. Lafarge!

3° Un témoin est venu déposer que le père de

M. Buffière, beau-frère de Lafarge, demandant à un créancier, avant le procès, un délai pour le payement d'une obligation, avait ajouté :

« Encore quelque temps, Marie Cappelle sera condamnée, et, avec les dommages-intérêts que nous obtiendrons, nous vous paierons. »

Quelle spéculation !

XIV

Nous avons suivi toutes les circonstances de cette accusation criminelle, et certes il nous est bien permis maintenant de nier la puissance des arguments qu'elle a produits.

Dans cette longue analyse, nous avons prouvé qu'il n'y a pas de corps de délit, que rien ne démontre que Lafarge soit mort empoisonné, que tout au contraire repousse cette supposition.

L'autorité de la science, loin de nous éloigner de cette dénégation, vient au contraire en aide à notre raisonnement.

Les preuves de fait ont été anéanties par le bon sens le plus simple et le plus vulgaire, et il est resté démontré que chacun des détails qu'on met à la charge de Marie Cappelle devient au contraire la justification de son innocence.

On a voulu la perdre; on a créé des témoignages matériels desquels il semblait qu'elle ne pourrait vaincre la muette autorité; mais la haine qui cherchait à l'envelopper a laissé une issue à la vérité, et cet échafaudage accusateur s'est brisé par la discussion loyale que nous en avons faite.

Il nous reste maintenant à suivre, durant ce long débat de dix-sept jours, toutes les alternatives de succès ou de revers qui agitèrent et l'accusée et l'auditoire. Il nous reste à décrire tous ces incidents dramatiques qui, chaque jour, à chaque heure, apportaient à Mme Lafarge le salut ou la mort.

Les émotions des premiers jours n'eurent rien d'inattendu. Marie Cappelle soutint un interrogatoire de près de quatre heures, et jamais accusé ne montra plus de précision et de clarté. Elle expliqua toutes les circonstances dont il lui était possible de rendre compte; mais elle n'essaya pas de justifier les particularités mystérieuses dont elle était, sans le comprendre, la victime.

Elle avoua sans hésitation ses bizarreries, ses inconséquences, et ne chercha pas à diminuer les reproches que certains actes pouvaient lui mériter; mais aussi elle nia avec énergie les turpitudes qu'elle n'avait jamais commises.

Cet interrogatoire produisit une vive sensation par sa simplicité et sa netteté. Les plus incrédules à l'innocence étaient ébranlés, et l'on doutait déjà qu'une candeur si vraie, si naïve, pût être de l'hypocrisie.

Marie Cappelle n'avait pas cherché à être habile; elle avait raconté sans prétention, sans discussion, disant le fait sans lui appliquer sa valeur; et cet abandon, qui appartient ordinairement à l'innocence, avait porté les plus favorables sympathies dans l'auditoire.

Aussi, lorsque les chimistes de Limoges vinrent rendre compte de leur première opération, et déclarèrent qu'il n'y avait pas d'arsenic dans le corps de Lafarge, la réaction fut complète ; des manifestations bruyantes, spontanées, partirent de tous les points de la salle, et ce fut un vrai triomphe pour l'accusée, que ces regards consolateurs et croyants venaient chercher sur l'ignoble banc où elle était assise.

La soirée qui suivit cette séance fut peut-être la plus heureuse de toute la vie de Marie Cappelle. La déclaration des experts était si positive que chacun s'abandonnait à l'enthousiasme que donne une victoire longtemps disputée. Ses parents, ses amis l'entouraient ; il y avait fête dans sa petite cellule ; chacun voulait lui faire oublier par son affection tout le mal que la calomnie lui avait fait, et la liberté paraissait si certaine que nul n'eût osé en douter en ce moment.

Au dehors la même joie régnait parmi cette foule qui était accourue aux débats ; il semblait qu'un bonheur était arrivé à chacun ; on s'abordait sans se connaître, on se parlait avec enthousiasme ; les préventions acharnées se cachaient honteuses dans cet instant ; tous n'avaient qu'une pensée de réparation et d'avenir pour la malheureuse femme si cruellement éprouvée.

Le lendemain, lorsque le ministère public déclara que la première opération ne lui suffisait pas, il y eut quelques murmures ; mais on comprit pourtant qu'il avait le droit de s'éclairer, qu'on ne pouvait lui imposer une limite aussi rigoureuse ; que, la science de Brive et la science de Limoges se trouvant en désaccord, on devait essayer de les ramener à une opinion unique. Les restes de Lafarge allaient être apportés ; tous les chimistes qui avaient opéré, favorables ou défavorables, expérimenteraient ensemble, et la vérité apparaîtrait enfin dans tout son éclat.

Marie Cappelle se résigna sans terreur à ce nouvel essai. Son innocence l'avait soutenue jusqu'ici, disait-elle ; elle ne lui ferait pas défaut dans les épreuves qui l'attendaient encore.

On apporta le cadavre ; à la vue de ces restes renfermés dans plusieurs caisses, l'auditoire ressentit un effroi profond.... Quelle destinée que celle de cet homme !

La séance s'ouvrit sous cette impression lugubre... Puis il y avait des craintes, des anxiétés... Si cette expertise allait détruire l'heureux résultat de la première! Si, après le triomphe, on retombait dans toutes les horreurs de la défaite!

Les chimistes furent longtemps à opérer. Dans la cellule de Marie Cappelle l'inquiétude était à son comble; ses parents, ses amis ne pouvaient modérer leur impatience; elle seule attendait sans angoisse la vie ou la mort que la science allait lui apporter.

Enfin les experts ont terminé...

Il semble que la salle s'est élargie pour recevoir l'affluence de curieux qui se pressent pour connaître ce grand résultat; pas un bruit, pas un mouvement ne se fait entendre; toutes les pensées, tous les sentiments se contiennent silencieux, attendant, espérant ou redoutant.

Les chimistes parlèrent; chacune de leurs paroles tomba lente et grave; il semblait qu'ils prononçassent un arrêt irrévocable.

Après avoir analysé toutes les parties de leur opération, ils en proclamèrent les résultats.

A ce moment toutes les physionomies étaient

altérées, inquiètes ; une seule était restée pâle, mais sereine : c'était celle de l'accusée. Elle dominait ce spectacle si émouvant de son regard calme et pur.

Enfin, la science le déclare, à l'unanimité les chimistes l'avouent, il n'y a pas d'arsenic !

Il est impossible de rendre le prodigieux effet de ces paroles. La séance est bruyamment interrompue ; c'est le même enthousiasme qu'après la première expertise ; c'est le même triomphe, plus complet, car il est décisif.

Puis les chimistes de Brive viennent faire amende honorable de leur première expertise, si précipitée, si incomplète. Après avoir conclu qu'il y avait de l'arsenic, ils sont obligés de se joindre à la déclaration des chimistes de Limoges, et pas un d'entre eux ne proteste contre la réponse victorieuse qui vient d'être offerte à la défense.

La séance fut renvoyée au lendemain.

Marie Cappelle sortit de l'audience, non plus comme une accusée, mais comme une victime. Elle pouvait être fière de toutes les sympathies qui allaient la trouver. On courait dans les couloirs qu'elle devait traverser ; mille mains inconnues ou amies se tendaient vers elle, et cette femme, qui n'avait jamais pleuré pendant les heures cruelles de l'accusation et du doute, trouva des larmes en ce moment glorieux de réhabilitation.

Ceux qui ne pouvaient la voir lui écrivaient; de toutes parts on lui adressait des lettres de consolation, de félicitation et de chaude sympathie. Jamais heureux du siècle ne s'était vu adulé comme elle l'était dans son malheur, et les manifestations désintéressées qui entouraient une pauvre femme prouvaient bien haut combien il y a encore de nobles inspirations dans cette foule si souvent calomniée.

Tout le monde pensait que l'audience qui allait suivre serait la dernière de ce procès. L'accusation n'était plus tenable; elle devait s'avouer vaincue. Qu'on juge de la stupeur générale lorsqu'on apprit que, dans l'intervalle des deux séances, et sans un arrêt de la Cour, l'avocat général avait pris sur lui de mander par le télégraphe M. Orfila et deux autres chimistes de Paris!

Où devait donc s'arrêter cet acharnement incroyable ?

Abstenons-nous de réflexions...... Nous ne pourrions écrire ici ce qui se disait tout haut dans les groupes animés qui appréciaient la conduite de M. l'avocat général. Et ceux-là même qui croyaient le plus fortement à l'innocence de Marie Cappelle comprirent alors que la lumière ne pourrait pénétrer dans cette accusation, et qu'une condamnation fatale devenait la terrible conséquence à laquelle on ne pouvait plus échapper.

En attendant l'arrivée des experts de Paris, et malgré l'état de souffrance de Marie Cappelle, les débats continuèrent ; on entendit de nouveau les témoins ; mais leurs dépositions, presque toutes favorables à l'accusée, ne firent qu'exaspérer encore l'avocat général. La discussion n'était plus possible sur les faits du procès : la défense les avait successivement détruits ; mais elle était découragée par la cruelle obstination du ministère public, qui niait l'évidence, circonvenait les jurés par des arguments captieux, et voulait à tout prix une condamnation. Que pouvait-elle faire? Pour tous les hommes sérieux l'avenir de Marie Cappelle était perdu.

Cette pauvre femme le comprenait aussi; et lorsque ses amis cherchaient à la rassurer, elle éloignait leurs consolations en disant : « C'est impossible; vous voyez, on veut me perdre, on me perdra! »

M. Orfila et ses deux collègues arrivèrent (1); on leur remit une partie du cadavre de Lafarge; ils se livrèrent à de longues expériences; et enfin, plus malheureux que les autres chimistes, ils apportèrent quelques taches imperceptibles qu'ils déclarèrent être de l'arsenic.

M. Orfila rendit compte lui-même de ses opérations. Il prit son organe le plus tragique pour rendre solennellement l'arrêt de la science. Pendant qu'il parlait, un orage éclatait sur la ville de Tulle; il était deux heures de l'après-

(1) Seulement, au lieu de MM. Devergie et Chevalier, qu'avait mandés le ministère public, et que recommandaient leurs travaux tout spéciaux, M. Orfila, en leur absence, avait pris sur lui d'amener M. Bussy, qui n'est guère que son aide ordinaire et son subordonné, et M. Olivier (d'Angers), qui s'occupe beaucoup plus de médecine que de chimie.

midi; le ciel était devenu si sombre qu'on se voyait à peine dans la salle; la voix de M. Orfila luttait contre le bruit de la tempête et du tonnerre; et les superstitieux disaient que la nature elle-même voulait étouffer cette voix imprudente qui allait décider de la vie de Marie Cappelle.

Tous les assistants étaient accablés de la révélation de M. Orfila; Marie Cappelle ne perdit rien de sa force et de sa sérénité; elle sortit sans chanceler de l'audience. Rentrée dans sa cellule, elle consolait sa sœur et ses amis.

« Je vous l'avais bien dit, s'écriait-elle, ils devaient obtenir enfin une parole favorable à leurs calomnies. Si M. Orfila ne la leur avait pas donnée, ils l'eussent demandée à un autre chimiste plus complaisant ou plus prévenu... C'est ma condamnation qu'ils veulent; soit! ils briseront ma vie, ils n'atteindront jamais ma conscience. »

Ses amis, ses parents voulaient opposer la puissance d'une grande autorité à la renommée de M. Orfila; on parlait de faire demander M. Raspail. Marie Cappelle, fatiguée, voulait en finir au plus vite; elle céda pourtant aux sollicitations réunies de ceux qui l'entouraient, et on décida que M. Raspail serait prié d'accourir.

M. Babaud-Laribière, jeune avocat de Limoges, fut chargé de cette mission par Marie Cappelle, qui lui écrivit ces lignes :

15 septembre 1840.

« Je compte assez sur votre dévouement pour en abuser, Monsieur, et je serai heureuse de vous devoir une intime reconnaissance. Veuillez expliquer à M. Raspail tout ce qui s'est passé, les premières expériences, M. Orfila... Dites-lui ma foi en lui, mon malheur et mon innocence; amenez-le le plus vite possible.

Adieu, Monsieur; merci de votre croyance; elle m'a résigné hier dans cette épreuve horrible.

MARIE. »

Cette lettre renfermait pour M. Raspail le billet suivant :

« Je suis innocente et bien malheureuse, Monsieur ! Je souffre et j'appelle à mon aide votre science, votre cœur.

Des expériences chimiques m'avaient rendu une partie de cette opinion qui me torture depuis huit mois.

M. Orfila est arrivé, et je suis retombée dans l'abîme.

J'espère en vous, Monsieur; prêtez à la pauvre calomniée l'appui de votre science : venez me sauver, alors que tout m'abandonne.

Marie Lafarge. »

M. Babaud partit en poste, à onze heures du soir, sans instruire personne du motif de son voyage. Il arriva à Paris par une route affreuse, qu'une pluie incessante avait inondée de fondrières. M. Raspail n'hésita pas; ils repartirent immédiatement, roulant avec une inconcevable vitesse... Mais, hélas! la fatalité semblait s'attacher à Marie Cappelle; la voiture se brise, de longues heures sont perdues, on ne peut les réparer.... M. Raspail arrive trop tard.... L'arrêt était prononcé (1)!

Après la déclaration de M. Orfila, les plaidoiries durent commencer; mais Mme Lafarge était en proie à de violentes attaques nerveuses qui forcèrent à supprimer quelques audiences; son état était si grave qu'il paraissait impossible qu'elle pût résister jusqu'à la fin aux lenteurs nécessaires de son procès.

---

(1) Nous donnons plus loin le récit que M. Raspail lui-même a fait de son voyage et de son séjour à Tulle.

On parlait d'un renvoi aux prochaines assises ; c'était, vu l'esprit du jury, un parti avantageux pour Marie Cappelle. Ses amis lui conseillaient de faire demander ce renvoi, que la Cour eût accordé; elle ne voulut point.

« Je veux en finir, répondait-elle ; s'il y a de la justice, je ne serai pas condamnée ; si la prévention et la haine dominent, laissez-moi bien vite accomplir mon martyre. »

L'avocat général prononça son réquisitoire ; ce fut, comme on le pense bien, le résumé passionné de l'acte d'accusation ; il s'en voulut presque d'avoir été ébranlé un instant par les expertises si concluantes des chimistes de Limoges; il alla même jusqu'à contester les dépositions d'Emma Pontier, de cette naïve et loyale jeune fille, qui, tout en cherchant à éclairer la justice, se montra si fidèle au culte du malheur et à ses nobles convictions.

Qu'on juge, au reste, de l'idée qui dominait ce long réquisitoire par son début et par sa conclusion ; les voici :

« .... L'action de la justice est lente quelquefois, messieurs; elle l'est surtout lorsque dans cette enceinte viennent se produire les passions ; elle l'est surtout quand il lui faut lutter contre des difficultés, des obstacles qu'elle n'a pas l'habitude de rencontrer. Elle est surtout difficile quand il s'agit d'atteindre, non un de ces accusés vulgaires sur lesquels l'action de la justice s'appesantit sans peine et qui lui opposent peu de résistance, mais sur une de ces accusées placées au sommet de l'échelle sociale, et qui trouvent en elles-mêmes, dans leur intelligence et dans les intelligences qui se réunissent autour d'elles pour les protéger, un moyen de salut qui échappe aux accusés vulgaires.

Nous avons hâte d'en finir, car aussi bien, dans de pareils débats, la fatigue du corps, celle de l'esprit finissent par abattre le courage. Et nous en avons montré, messieurs les jurés, dans le cours de ces débats ; il nous a été donné de ne pas nous laisser abattre un seul instant.

. . . .

Et vous aussi, messieurs les jurés, vous aurez du courage, de la fermeté ; et vous aussi, quel que soit le débordement de ces passions agitées autour de vous, quel que soit le retentissement de ces protestations extraordinaires qui ont environné l'accusée dans cette enceinte, vous ne faillirez pas à vos devoirs ; vous comprendrez que la France entière vous contemple, qu'il ne s'agit pas ici d'un de ces faits qui passent inaperçus, qu'il s'agit ici d'une haute et grande question qui sera jugée par la France entière.

Non, vous ne manquerez pas à votre mission, messieurs les jurés. J'en ai pour garant votre attitude imposante à ces débats. Je ne crains pas qu'on puisse dire de vous que la balance de la justice a fléchi dans vos mains, parce qu'il s'agissait d'une accusée placée dans les rangs élevés de la société...

. . . .

Messieurs les jurés, je l'ai dit en commençant, et je vais finir par cette pensée qui remplit mon cœur: ce n'est pas pour moi une question de criminalité, mais une question d'égalité devant la loi. Voudrez-vous que la justice ne soit pas un niveau qui passe également sur toutes les têtes? Oh! non. Voulez-vous que l'on croie que le jury est flexible et lâche lorsqu'il s'agit d'une femme placée dans une haute position, et qu'il relève le front lorsqu'il s'agit d'une ignoble tête? Oh! non, vous ne le voudrez pas. Je ne le veux pas pour vous, je ne le veux pas pour moi. Il y a entre nous solidarité : je l'accepte, messieurs les jurés, et vous l'accepterez aussi. Je persiste dans mon accusation.»

M. Paillet prend la parole à son tour; il commence par répondre aux insinuations du ministère public en ce qui concerne l'appui trouvé par l'accusée dans une partie de l'opinion publique.

«Après huit mois de captivité, de douleurs et de résignation, Mme Lafarge peut enfin faire entendre devant ses juges une voix amie. Et le premier reproche qu'elle rencontre dans cette enceinte est de se présenter à vous protégée par des influences étrangères qu'on n'a pas même signalées!
Étranges préoccupations du ministère public! étranges

démentis donnés à l'évidence et à la notoriété des faits!
Qui ne le sait, au contraire? Tandis que Mme Lafarge gémissait dans le silence, quelle activité déployée au dehors! que de mauvaises passions soulevées contre elle! que de faits mensongers, calomnieux, romanesques, parcourant la France d'un bout à l'autre avec la rapidité de l'éclair, accueillis, commentés par la légèreté ou la malveillance! que d'outrages prodigués à une femme captive, souffrante, qui ne pouvait se défendre! Hélas, messieurs, pourquoi faut-il que la justice elle-même, dont les formes graves et nobles font tout à la fois notre sécurité et notre admiration, se soit écartée dans cette occurrence de ses traditions constantes, comme pour donner à la prévention un aliment nouveau? Vous parlerai-je de cette interversion insolite, puis de ce mélange bizarre de ces deux procédures qui n'avaient rien de commun entre elles?

Vous parlerai-je de ces communications précoces et indiscrètes, de ces pièces les plus hostiles du procès livrées à qui les a voulues, de cet acte d'accusation à édition double, inondant la France et l'Europe, mais inconnu d'une seule personne, de l'accusée elle-même? (Mouvement d'adhésion.)

Vous parlez d'influence!... C'est moi qui vous les reproche, qui les dénonce à tous les esprits justes et impartiaux. Voilà pourtant, messieurs les jurés, comment on est parvenu à composer cette prévention qui vous enveloppe, qui vous poursuit jusque dans cette enceinte.

La prévention, l'ennemie la plus dangereuse de la justice et de la vérité! la prévention, que l'un de nos plus grands magistrats, procureur général aussi, d'Aguesseau, appelait « l'erreur de la vertu, et, si nous osons le dire, le crime des gens de bien. »

. . . .

Après être entré dans tous les détails de l'accusation, après avoir discuté toutes les dépositions, après avoir lu une partie des lettres que nous avons déjà citées, et qui prouvent si bien l'innocence de sa cliente, M. Paillet termina ainsi :

« Le voilà le procès auquel la position sociale de l'accusée, les circonstances bizarres de la lettre du 15 août, les échos empoisonnés de la prévention, une publicité longtemps hostile, avaient donné un retentissement inaccoutumé.

J'ai voulu l'examiner, le passer au creuset de la logique et de la froide raison, avec cette bonne foi qui est l'âme de mon ministère. Qu'est-il arrivé? C'est que ces preuves, graves quand on les voyait de loin et en masse, se sont affaiblies et effacées à mesure que nous nous en sommes approchés, comme s'effacent les montagnes que l'on commence à gravir. Qui vous retiendrait encore? Comment hésiteriez-vous à dire avec moi, dans la sincérité de vos consciences : Non, cette femme n'est pas coupable, car elle ne peut pas l'être?

Cette déclaration, c'est tout ce que vous pouvez faire pour elle; ce que vous ne pouvez pas, c'est de faire refleurir désormais cette existence flétrie pour toujours ; ce que vous ne pourriez jamais, c'est de faire que cette femme ne soit pas la plus malheureuse entre toutes les femmes de la terre. Je vous le demande : fut-il jamais destinée plus lamentable que la sienne ?

Orpheline, elle avait au moins, dans le nom glorieux que son père lui avait légué, dans son patrimoine, modeste sans doute, mais suffisant, dans une famille honorable s'il en fut, dans une éducation distinguée, dans ses grâces personnelles, l'espoir d'un heureux avenir. Lafarge parut... A Dieu ne plaise que je vienne encore affliger sa mémoire par des reproches même légitimes; l'accusée elle-même les désavouerait. Vous savez comment il a obtenu sa main ; vous savez quelle était sa position. Lafarge parut, et bientôt, grâce à ce fatal mariage, honneur, fortune, illusions, espérances, santé même, oui, santé! tout s'est évanoui pour elle, et évanoui sans retour !

Voilà, messieurs, tout ce que vous ne lui rendrez pas. Mais ce que vous pouvez, ah! faites-le du moins, faites-le! Hâtez-vous de rendre à la tendresse et aux soins de sa famille ce que la lente agonie de la prison nous a laissé de cette jeune femme, naguère encore si brillante et si digne d'envie, réduite maintenant à ce déplorable état, qui doit être pour ses ennemis eux-mêmes un objet de douleur et de pitié.

Courage pourtant, courage, pauvre Marie! j'ai espoir que la Providence, qui vous a si miraculeusement soutenue dans ces longues épreuves, ne vous abandonnera pas désormais. Non, vous vivrez pour votre famille qui vous aime tant, pour vos amis nombreux; vous vivrez pour vos juges eux-mêmes; vous vivrez comme un témoignage glorieux pour la justice humaine, quand elle est confiée à des mains pures, à des esprits éclairés, à des âmes sensibles et compatissantes!!! »

L'avocat général réplique avec chaleur, et, se sentant faible sur le terrain de l'empoisonnement, il revient sur la procédure relative au vol des diamants, pour s'en faire une arme toute-puissante aux yeux des jurés.

M. Bac se voit forcé de reproduire tous les arguments présentés devant les tribunaux correctionnels; et, tout en faisant ressortir ce qu'il y a d'injuste dans le procédé du ministère public, qui ne craint pas de tourner contre l'accusée un jugement par défaut, sans débats contradictoires, et cassé depuis par un tribunal supérieur, il entre dans de longs détails sur le système de la défense, et donne lecture de plusieurs lettres qui annoncent de puissants témoignages en faveur de Mme Lafarge; puis il reprend une à une toutes les charges de l'accusation d'empoisonnement, met en regard l'animosité des témoins avec les souvenirs de bonheur et de bienfaisance que Marie Cappelle a laissés partout sur son passage dans les cinq mois de son séjour au Glandier; et, arrivé à l'examen de la conduite de Mme Lafarge mère au moment où elle fait forcer un secrétaire pour y prendre des papiers de famille, il s'écrie :

« .... Quelle admirable prévoyance! que cette mère de famille est digne d'éloges!

Eh! madame, il ne s'agit pas de vos intérêts matériels en danger; il ne s'agit pas de papiers à soustraire aux investigations de la justice; il ne s'agit pas de ces soins prudents: il s'agit que votre fils est mort; il s'agit que votre fille est accusée; il s'agit que la vengeance s'allume au pied de ce lit funèbre; il s'agit que la désolation s'empare du Glandier! Voilez-vous donc la face; baignez votre visage de larmes; retirez-vous dans le recueillement de votre douleur, et ne nous donnez pas le spectacle de cette profanation impie qui, même ici, où tant de choses ont trouvé une excuse, n'a pu être excusée! »

On croyait toutes les plaidoiries terminées, lorsque M. Coraly vint tout à coup annoncer une intervention de la part de Mme Lafarge mère, qui se constituait partie civile pour réclamer trente mille francs de dommages-intérêts applicables aux créanciers du défunt.

Cette intervention inattendue, au moment où juges, avocats et jurés tombaient de lassitude, irrita la défense ; M. Paillet trouva des paroles dignes et sévères pour flétrir ce nouveau scandale, qu'il qualifia d'infâme comédie jouée dans l'intérêt de Mme Léautaud bien plutôt que dans celui de Mme Lafarge mère.

Enfin l'avocat général, tout en revenant à la charge à propos de l'incident sur l'affaire des diamants, et en exprimant le regret de ne pas avoir à défendre en police correctionnelle l'honneur de Mme de Léautaud, conclut à ce que l'intervention soit repoussée, par le motif que la famille Lafarge est sans intérêt.

La Cour adopte ces conclusions ; le président demande au ministère public et aux défenseurs s'ils n'ont rien à ajouter ; les réponses sont négatives.

La même demande est faite à l'accusée. Marie Cappelle alors se relève avec peine du fauteuil où elle est étendue, et s'écrie d'une voix presque mourante :

« Monsieur le président, je suis innocente ! je vous le jure ! »

Cette scène excita la plus vive émotion dans tout l'auditoire.

M. le président fit avec lucidité le résumé des débats, posa aux jurés les questions d'usage, et ceux-ci entrèrent dans la salle de leurs délibérations.

Dès le matin de ce jour, à six heures, Marie Cappelle avait envoyé à M. Lachaud une lettre qu'elle destinait à M. Brindel, l'un des jurés, en le priant de la lui faire remettre. M. Lachaud ne le jugea pas convenable; il dit à Marie Cappelle qu'il n'y avait rien à obtenir, que sa perte était certaine, que la prévention l'emportait, que cette démarche était inutile.

Marie Cappelle céda d'abord, puis elle revint à sa première pensée, et écrivit à M. Brindel une lettre dont nous n'avons pas la copie; mais nous pouvons insérer ici la première, qui n'a pas été envoyée, et qui doit être, sinon dans les mêmes termes, au moins dans les mêmes pensées.

A M. Lachaud.

19 septembre 1841.

« Je vous supplie de faire remettre cette lettre à M. Brindel. Cette nuit, comme je priais Dieu, il m'a envoyé cette pensée. J'ai foi en elle. Pour l'amour de moi, faites cette démarche, légale ou non. »

A M. Brindel.

« Monsieur,

Lorsque le sort remit entre vos mains une partie de ma vie et de mon honneur, il me sembla que c'était Dieu qui envoyait à mon aide la haute intelligence et la loyale impartialité qui se lisaient sur votre front. J'espérais qu'il mettrait mon innocence dans votre cœur. Hélas! on me dit que vous me croyez coupable. Permettez-moi d'essayer de me réhabiliter dans votre esprit, d'oser vous demander quelques conseils.

Je vous en supplie, Monsieur, dites-moi les faits qui me rendent indigne de votre puissante participation; mes avocats essaieront de les éclaircir. Si vous daignez m'interroger, je mettrai toutes mes forces à vous les expliquer.

Je vous le jure, je suis innocente; donnez-moi le moyen

de vous le prouver. Après la cruelle réaction produite par le rapport de M. Orfila, je sais qu'une voix serait impuissante pour me sauver; mais si le suffrage d'un homme d'honneur et d'intelligence ne suffit pas pour conserver une vie, il résigne le cœur et réhabilite la mémoire.

J'ai encore une grâce à vous demander, Monsieur; par votre influence, épargnez-moi l'honneur des circonstances atténuantes : j'ai si peu de jours à vivre qu'on peut me donner le martyre...

Veuillez recevoir, etc.

Marie Cappelle, veuve Lafarge. »

Les jurés restèrent une heure et demie dans la salle de leurs délibérations. Cette longue discussion faisait espérer à quelques-uns un acquittement; mais les autres, en plus grand nombre, qui connaissaient la composition du jury, étaient sûrs qu'un verdict défavorable serait rendu. Pendant que le dénoûment se préparait, Marie Cappelle avait auprès d'elle quelques amis; on ne l'abusait pas, et elle attendait avec résignation l'arrêt terrible qui allait la frapper.

A huit heures du soir on annonça la rentrée du jury. La foule était nombreuse dans le palais, elle remplissait les rues voisines. Le président du jury s'était retiré, et M. Brindel s'était chargé d'être l'organe de la décision de la majorité. Il lut cette déclaration :

« Oui, à la majorité, l'accusée est coupable.
Oui, à la majorité, il y a des circonstances atténuantes en faveur de l'accusée. »

Une sourde rumeur agita bientôt cette foule, qui était restée un instant muette, immobile et morne comme si une commotion électrique l'avait frappée. Pendant un quart d'heure l'audience resta suspendue ; les magistrats, silencieux sur leurs siéges, semblaient attendre que l'émotion qui venait de se produire fût un peu calmée.

Il fallait faire venir l'accusée ; le président, d'une voix émue, en donna l'ordre.

Marie Cappelle ignorait encore sa condamnation. Seule dans sa cellule avec sa sœur, elle était en prières. Depuis vingt minutes son verdict était rendu, on n'avait pas le courage d'aller le lui apprendre. Il fallait pourtant l'instruire.

M. Lachaud quitta l'audience, chargé de cette cruelle mission. Quand il entra dans la cellule, les yeux de Marie Cappelle l'interrogèrent ; il lui tendit la main sans parler.... Elle avait compris.

« Je veux aller à l'audience, dit-elle, crier encore une fois mon innocence, jeter mon mépris à ces hommes prévenus qu'on a effrayés. Je suis forte, je descendrai. »

Les pleurs de sa sœur, les conseils de son avocat, ne pouvaient la calmer ; quoique épuisée de fatigue et de douleur elle s'était redressée brusquement, et marchait avec rapidité dans sa cellule. Cet effort violent épuisa bien vite ses faibles forces, et elle tomba sans connaissance dans les bras de M. Lachaud. On la plaça sur son lit.

Pendant cet évanouissement, la justice terminait sa cruelle mission. La Cour prononça l'arrêt qui la condamnait aux travaux forcés et à l'exposition. Le greffier vint lui en donner lecture sans qu'elle l'entendît. Déjà un huissier lui avait fait sommation de descendre à l'audience ; elle était hors d'état de le comprendre.

Tout était terminé! Une heure après elle reprit connaissance. Sa première parole fut: « Je veux descendre; » mais en ouvrant les yeux elle se vit entourée de ses parents en larmes, et se jeta éperdue dans leurs bras.

FIN DU TROISIÈME VOLUME.